对于大明，

要命的 1644 终于来了

帝国失格

明清易代十六人

铲史官 著

江山如此剧变
我们画给你看

人民东方出版传媒
東方出版社

图书在版编目（CIP）数据

帝国失格：明清易代十六人 / 铲史官 著 . — 北京：东方出版社，2019.9
ISBN 978-7-5207-1037-4

Ⅰ. ①帝…　Ⅱ. ①铲…　Ⅲ. ①中国历史—明清时代—通俗读物　Ⅳ. ① K248.09

中国版本图书馆 CIP 数据核字（2019）第 102318 号

帝国失格：明清易代十六人
（DIGUO SHIGE:MINGQING YIDAI SHILIU REN）

作　　者： 铲史官
策　　划： 陈　卓
责任编辑： 李伟楠
责任审校： 曾庆全　金学勇
出　　版： 东方出版社
发　　行： 人民东方出版传媒有限公司
地　　址： 北京市朝阳区西坝河北里 51 号
邮　　编： 100028
印　　刷： 北京楠萍印刷有限公司
版　　次： 2019 年 9 月第 1 版
印　　次： 2019 年 9 月第 1 次印刷
开　　本： 880 毫米 ×1230 毫米　1/32
印　　张： 14
字　　数： 200 千字
书　　号： ISBN 978-7-5207-1037-4
定　　价： 59.00 元
发行电话：（010）85924663　85924644　85924641

目 录

万历十年（1582），
发生了四件大事：

1. 泰宁卫所部队叛乱，虽然被李成梁平定，但军队叛乱实乃不祥之兆。

2. 利玛窦来到中国传教，广交社会名流，传播西方天文、数学、地理等科学技术知识，但晚明却错过了开眼看世界的良机。

3. 张居正死，谥号文忠。世间已无张太岳，扶大厦于将倾的人，他走了。

4. 皇长子朱常洛生，大赦天下。因其为卑微的宫女所生，后来引发了“国本之争”。

万历十一年（1583），
21岁的朱翊钧拜谒祖陵，
似乎在告慰列祖列宗，他亲政了。
各路御史随风而动，
弹劾张居正十四道大罪。
张居正被除尽官职和荣誉，
抄家株连。

就在这一年五月，在白山黑水之间，
一个叫努尔哈赤的青年，
他舅舅叛明了，
他父亲和他爷爷去帮明军劝降，
却被明军破城后误杀。

对于明王朝来说，
这只是边陲之地一件微不足道的小事，
并不会传入朱翊钧的耳中，
他正在释放长期以来
被张居正压抑的权力。

朱翊钧不知道，张居正的逝去，
使得明王朝失去了重心，
慢慢滑入各种深渊之中。

一是士风。清议为了一己私怨，谤伤张居正太过，这恰恰迎合了万历打压张居正的心理，成为求官之捷径。当清议不争是非争意气，士风就会败坏。

此外，他还避免滥用厂卫，
锦衣卫监狱里人去楼空。

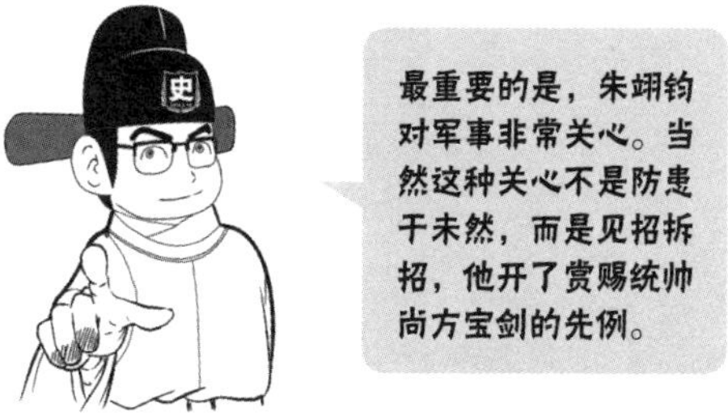

万历一朝，
朱翊钧用内帑（皇家私房钱）
和太仓库银做军饷，
先后在西北、西南边疆和朝鲜
展开了三次大规模军事行动：

1. 李如松（李成梁长子）平定蒙古人哱拜叛变的宁夏之役

2. 李如松、麻贵抗击日本丰臣秀吉政权入侵的朝鲜之役，维护了东亚三百年和平。

3. 李化龙平定苗疆土司杨应龙叛乱的播州之役，巩固了明朝的疆土。

朱翊钧的一大缺点是迷信，
他继承了嘉靖皇帝
“二龙不相见”的说法，
再加上偏爱福王朱常洵，
迟迟不立长子朱常洛为太子，
最终引发了“争国本事件”。

为此，
朱翊钧与群臣争论达15年之久，
无数大臣被斥被贬被杖打，
朱翊钧自己也身心交瘁，
郑贵妃悒郁不乐、
整个帝国不得安宁。

可见关于是否开矿，
大家并没有达成一致意见。
但朱翊钧却把这事办成了人人
反对的事，
为什么要反对？
因为矿税使并不懂开矿，
只是借机立名目勒索地方。

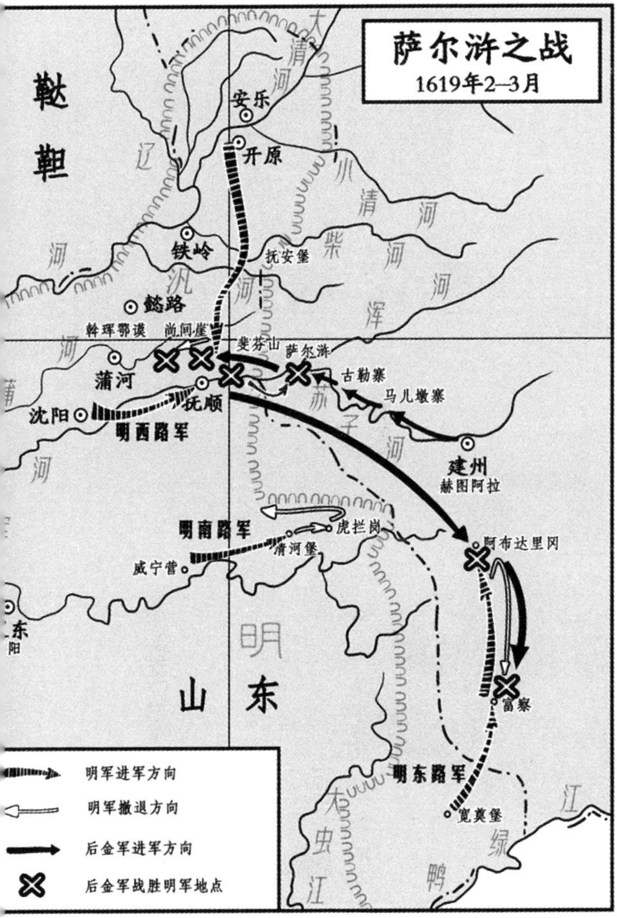

晚年的朱翊钧，
在荒政和贪财中丧下去，
而白山黑水之间
有一股新生的力量崛起了。
万历四十七年（1619 年），
努尔哈赤在萨尔浒五天之内
连破三路明军，
明朝和建州女真的
军事盛衰从此更弦。

一年后的九月甲申，朱翊钧驾崩，
上尊谥，庙号神宗，葬定陵。
《明史》评曰——

读者有话说

吴王陌上

明朝灭亡不好说亡于谁，其实就是朱元璋办了一张信用卡，每代皇帝都透支，都刷爆，到了崇祯时赶上了还款日期，崇祯还不了，只能拿命还了。

阿呆

问题的根子在朱元璋，在明代的皇子教育制度。从朱元璋至明亡，除了孝宗，没一个正常人，个个都有点偏执、扭曲和变态。清朝皇帝无论能力如何，基本没特别荒淫的，基本都很勤政。

七月

明清易代这一历史事件，最应该从是否促进中国生产力的进步、促进人民幸福感的提高、促进近代化演进的角度来评价。答案显而易见。重商主义政策被废除了，海贸不通了，中世纪的封建庄园经济复活了，与西方文明的接触中断了，一个“庞大而停滞”的帝国，活生生出现在眼前。西方人眼里文明繁华的东方，变成了肮脏、丑陋、贫穷的代名词。我能感受到顾诚先生的愤怒。

董大白（司宇）

明朝灭亡的种子可以说从永乐起就种下了。设立内阁使文官集团逐渐坐大，他的孙子为了方便办公开始让宦官参政；自己带着辽王内迁，破坏太祖设计的边防线和国防战略；迁都北京使后世为保障开支逐渐收缩国防线，最终削藩成功使得宗室混吃等死的人指数级膨胀，这几条到了晚明全部成了致命伤。

相比之下，清朝完美地解除了明朝的痼疾。中国古代王朝五大威胁——民变、“蛮夷”、宗室、权臣、宦官，清朝时要么没搞出大新闻，要么搞出天大的新闻但最后被解决了。清朝失败就失败在赶上了变革的时代，如果放到元朝，评价想必会好很多。

逆火 · 狼

张居正想把万历培养成千古一帝，结果万历压抑久了，居然一叛逆就是三十八年。没人知道久居深宫三十三年不上朝到底为了什么，但导致明朝灭亡的党争已经破茧而出不可避免了。

七月

明朝的文官制度，有其运转成熟、选拔公平的一面，亦有缺乏活力、庸才充塞的一面。但如果平庸且腐败，就是集懒政与恶政于一身，内部开始腐烂；加上外部小冰河期，天灾流行，边衅不断。怎奈将相无人，尽周延儒之辈，汲汲于私计，无视陕西、河南灾民之死活，导致了一种庸臣贪腐→阶级矛盾激化→民变→庸臣无法处理的死循环。

明

今天的编后语格局宏大，位置不偏不倚，可以预见铲史官及其团队正由普通的历史学者慢慢晋升为历史大家。正所谓能力越大，责任越大。现在历史慢慢被娱乐化、演义化，许多历史英雄在影视或游戏里被黑化或无限娱乐化。希望今后铲史官能在这些方面多多发声。

编后语

大乱前夜

明之亡，始于万历，出自清人的论断。

《明史》引时人看法云："论者谓明之亡，实亡于神宗。"清代史学家赵翼表述了同样看法："论者谓明之亡，不亡于崇祯，而亡于万历云。"

《明史述略·序》在论证崇祯失国时指出："庄烈帝勇于求治"，但承"神宗、熹宗之失德"，"虽当时无流贼之蹂躏海内，而明之亡也决矣"。确指明之亡源自万历（神宗），而崇祯无力挽狂澜于既倒，即便没有农民起义，明也必亡无疑。

康熙谒明太祖陵时，曾经作过《过金陵论》，对明之兴亡也做了论断："万历之后，政事渐弛，宦寺朋党，交相构陷。门户日分而士气流漓，赋敛日繁而民心涣散。'闯贼'以乌合之众唾手燕京，宗社不守；马、阮以嚣伪之徒，托名恢复，仅快私仇。使明艰难创造之基业，未三百年而为丘墟，良可悲夫！"康熙帝此论，也认为明亡起自神宗，开了乱源。

明亡始于万历，是没有疑问的。问题在于万历在位48年，究竟是什么时候开始由治入乱的？

黄仁宇先生在《万历十五年》一书中，通过中西对比，把万历十五年确定为中国历史演变包括明朝兴亡之变的一大关键年份。事实上，影响明朝命运的重大事件，并不是发生在万历十五年，而是在万历十年到二十五年这个时间段。坏新法、播乱政，由微入渐，至万历二十五年已成积重难返之势。

万历初，有张居正厉行改革，把明朝推上中兴之路，如果延续下去，便不会有明亡始于神宗之说。不幸的是，万历十年（1582年）张居正去世，万历亲政，一反张居正所行新法，前朝弊端复萌，政局急转直下。万历二十六年五月，时任刑部右侍郎吕坤上《天下安危疏》，其中有言：

> 自万历十年以来，无岁不灾，催科如故。臣久为外吏，见陛下赤子冻骨无兼衣，饥肠不再食，垣舍弗蔽，苫藁未完，流移日众，弃地猥多，留者输去者之粮，生者承死者之役，君门万里，孰能仰诉！

吕坤的这番话，将政治衰败从万历十年计起，恰是张居正去世、新法被废之时。万历十一年，即张居正去世、万历亲政第二年，也是吕坤所指形势开始变坏的次年，在白山黑水之间，发生了一件足以决定明清兴亡的大事件——努尔哈赤起兵复仇。由此，明亡始于万历这个历史节点，当从万历十年开始算起，张居正去世与努尔哈赤起兵，意味着明朝已进入大乱的前夜。

考明亡全过程，说万历时明必亡，或许有失公允；说明非亡于崇祯，而亡于万历，亦有失公允。万历之后，又历天启、崇祯两朝（泰昌仅一个月），合24年。就实际祸乱而言，天启朝比之万历朝，在很多方面，有过之而无不及。论品行，崇祯远出天启与万历之上，但他生性多疑，刚愎自用，无识人之明。

虽然万历帝已将明推向衰败之路，尚有时间进行补救，惜乎天启、崇祯两朝没有清除前朝的弊政，致使明政权继续溃烂。因此，天启和崇祯二帝也难逃其咎。

鏟史官

天子守國門

徐达 于谦 戚继光 崇祯 孙传庭 李定国 郑成功

大明護國天團

魏忠贤

到底是忠是奸？

他是看着天启长大的老仆人，对于主人有一种近于狗对主人的那种依恋之情，还有一种祖父对于孙儿的宠溺之情。

天启五年（1625）七月二十四日，
月黑风高，在北镇抚司诏狱里，
锦衣卫指挥佥事受魏忠贤密令，
用一枚大铁钉钉入杨涟头部，
一代诤臣就此殒命。

魏忠贤被天启赞为“恪谨忠诚”，
而杨涟是顾命大臣，
两人是如何走到这一步的？
我们从头说起。

魏忠贤生于隆庆二年（1568），
北直隶肃宁（今河北肃宁）人，
家境贫寒。

四年后（1572），
在湖广应山（今属湖北广水）
的一个任侠好施之家，
杨涟来到了这个世上。

22 岁的时候，魏忠贤成家了，
并且还有了一个女儿。
在一次赌博输掉了全部家当后，
他做出了一个艰难的决定——

好在魏忠贤运气不错，

竟然安全渡过了两重风险，

进宫了。

开始干搬柴、扫地、倒马桶的粗活，

一干就是十几年，

得了个绰号“傻子”。

多年后，
他才在甲字库[①]谋到了一个差事，
手头稍微宽裕一些了。
直到万历三十几年，
进了东宫，
为王才人“办膳”，才脱离太监底层。

注①：甲字库：内廷十库之一，贮存布匹、颜料等。

相对于魏忠贤进宫之路的凄惨，
杨涟的路则很曲折。
考秀才时靠扩招，
考举人时差点病死，
直到万历三十五年（1607），
35 岁的杨涟才考中进士。

到礼部实习一段时间后，
杨涟被外放到江苏常熟，
担任知县。
在三年前，
顾宪成等人在江苏无锡
重新修建东林书院，聚众讲学。

初到常熟，杨涟就到城隍庙，
在城隍神面前宣誓，
在任职期间自己
“不敢以官价占小民便宜一文”。

其间，有史可查三件事：

1. 反贪。县衙官员将用于贴补县学开销的三百多亩学田据为己有，杨涟查办了当事人，将所有的学田收归县学。

2. 治吏。负责收税的小吏相互勾结，采用大秤收百姓的税粮，杨涟查处了相关责任人，将其非法所得充公。

3. 保护百姓。宫中太监来到常熟，打着皇帝的旗号，大肆敛财，中饱私囊，杨涟和这些人周旋，让涉事的百姓躲过劫难。

杨涟从常熟离任的时候，
自己不但没有积蓄，
还欠下了不少银子。
后来因为被评上全国优秀县令
（举廉吏第一），
升为户科给事中，到京城任职了。

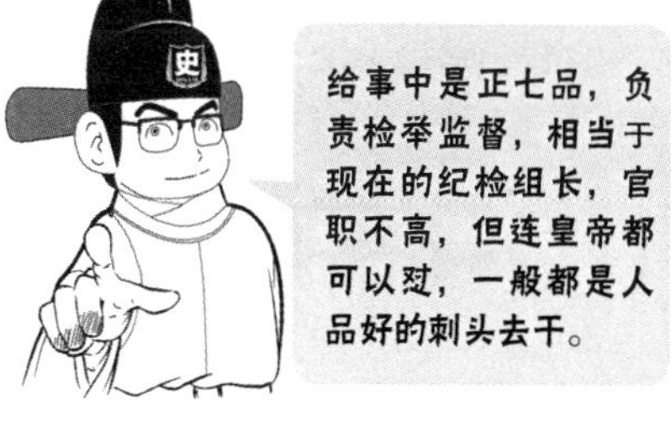

杨涟在常熟任职这段时间，
魏忠贤在干啥呢？
在给王才人看孩子。
就在杨涟考上进士前两年，
王才人生了个儿子朱由校，
魏忠贤负责这个孩子的衣食起居。

虽然这孩子是万历的长孙，
但他老爸太子朱常洛并不受万历待见，
万历喜欢的是福王。
由此有些人轻视这个孩子，
而魏忠贤不嫌弃他，悉心呵护。

就在杨涟进京的那一年，
万历已经病入膏肓，
京城政治形势非常微妙。
为了防止别人篡改遗诏，
杨涟暗中遣人晓谕东宫伴读太监王安，
要他让太子朱常洛“力请入侍”。

万历驾崩后，太子朱常洛登基，
登基 4 天，就一病不起了，
就在这危机四伏的局面下，
杨涟挺身而出，连上三道疏：

杨涟三连

崔文升是郑贵妃的人，
所以后面两道疏是怼郑贵妃的。
三天后，宫中传出话来，
朱常洛（光宗）宣杨涟和锦衣卫，
大家推测杨涟此次被召一定凶多吉少。

几天后，
朱常洛吃了特效药“红丸”后，
驾崩了。
太监王安协助杨涟、刘一燝等
东林人士扶助朱由校即位，
改元天启。

按照惯例，
该由王安升任司礼监秉笔太监，
但王安却谦虚辞让。
天启的奶妈客氏与王安有宿怨，
抓住这个机会，找人除掉了王安，
魏忠贤得以升任司礼监秉笔太监。

杨涟、左光斗等东林人士向来尊重王安，
但他们担心被死对头
浙党扣上“结交内臣”的罪名，
也就没有替王安鸣冤。

在万历末期，
东林党被死对头齐楚浙党
用六年一次的“京察”[7]
排挤得零落不堪，
这几年通过扶助泰昌、天启顺利即位，
扳回了不少局面。

注⑦京察：明代吏部考核京官的一种制度，能决定官员升降。

东林党领袖之一赵南星
是北直隶高邑人，
魏忠贤曾在天启面前称赞他的才干。
天启二年，赵南星升任左都御史，
魏忠贤派外甥带着礼物
去拜贺这个老乡。

谁知道赵南星根本不领情，
对于公然践踏祖宗法度、干预政务，
甚至以皇帝代表自居的魏忠贤，
东林党人的态度是始终如一的敌视。

东林党人同魏忠贤斗争的几件大事：

1. 驱逐天启的奶妈客氏出宫，天启自幼丧母，实在离不开这个相依为命的奶妈，过了两天就召回来了。

2. 指责魏忠贤组织一支太监部队，供天启娱乐。太监成军，正德、嘉靖和万历朝都有过先例。

3. 新科状元文震孟初生牛犊不怕虎，上疏指责天启是一具傀儡，言外之意魏忠贤就是提线人。

4. 指责魏忠贤结交外臣，把他比成前朝的太监汪直和刘瑾，还请求调查王安的死因。

这几次进攻没有伤到魏忠贤的一根毫毛。
意识到同东林决裂不可避免，魏忠贤利用齐楚浙党和东林党的矛盾，反而把东林的主将邹元标、刘一燝给排挤走了。

东林反魏无果，反而折损了不少人，
促使他们在天启四年（1624）
发起总攻。
左副都御史杨涟吹起总攻的号角，
列举了二十四条罪状。

这些罪状有些只是不经的传闻，
如魏忠贤和客氏迫使张皇后
堕胎之类的。
当然，事实也很多，
其中最厉害的一条是——

杨涟此疏击中魏忠贤的要害，
魏忠贤闻疏后惊恐万状，
慌忙跑到天启面前哭诉。
天启温言抚慰魏忠贤，
不久，
以“无人臣礼”的罪名
将杨涟革职为民。

挤走了杨涟，魏忠贤仍不肯善罢干休。
天启五年（1625），
阉党诬陷杨涟、左光斗
曾受辽东经略熊廷弼贿赂二万两。
杨涟仍不屈服，痛斥魏忠贤扰乱朝纲。

皮鞭之夜

魏忠贤得知后，
令许显纯立即杀掉杨涟。
开始对东林党人进行大清洗，
并起用了大批东林党的反对者
在此后的两年里，一手遮天。

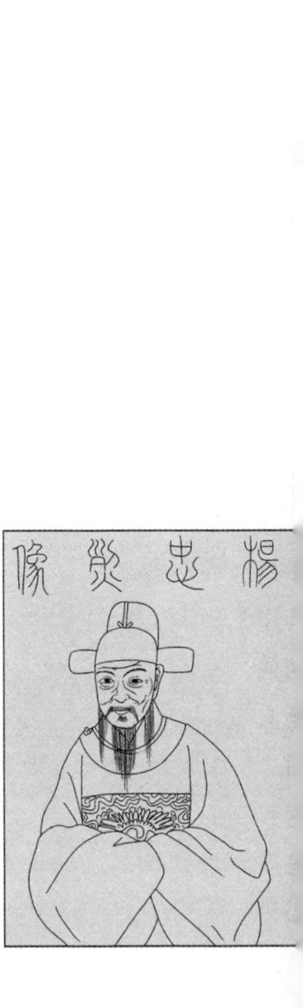

天启七年（1627）秋八月，
明熹宗朱由校驾崩，
信王朱由检即位，打击阉党，
魏忠贤被发往凤阳，
在阜城南关的一家客栈上吊自杀。

祯元年（1628年），
杨涟之子杨之易、杨之赋
朝廷鸣冤，
杨涟冤案得以平反。
思宗朱由检“追录死阉忠臣”，
杨涟为首，
赠他为太子太保、兵部尚书，
号“忠烈”。

读者有话说

七月

东林与阉党的矛盾，是统治阶级内部的矛盾，明朝面临的四大问题——建州女真、敛赋、天灾、“流寇”，都不是由这个矛盾引起的。而这四大问题之间多米诺骨牌式的坍塌，才是致人死命的原因。为靖边患则敛重（中间又有贪官克扣），敛重而民穷，民穷又天灾流行，民将饿死，遂盗起。正是处理这四大问题不当，才致使身死国灭。这些问题无法处理的核心在于将相无人，无法应对危局。文有周延儒辈，武有刘泽清辈，庸才偏又无德，呆政加恶政，阶级矛盾激化，最终一命呜呼。

顾诚先生《南明史》开篇便指出，南明文武，气节上的优点，不能掩盖才略上的瑕疵。若瞿式耜、郑成功等真是完人，南明也不可能旋踵而亡。

像只熊

所谓东林误国，应该是迂腐文人误国，而东林党已成晚明文人的代名词了。很多人不喜欢东林党或许就因为他们占据道德高地品头论足，而在实际斗争中却全无办法——对内斗不过魏忠贤，对外玩不过多尔衮。

骤雨飘风

历史是复杂的，追根溯源还得从宋代理学说起。从二程开始，其一副掌握绝对真理的嘴脸和指点天下万物的架势，就不招统治者待见，取用他们的学说就是看中他们对士大夫思想的禁锢，这对于统治者来说是省事的。所以说程朱理学在某种意义上很类似一神教，而宋以后中国文明也在某种程度上笼罩在一神教的中世纪黑暗之下。一言以蔽之，就是极端化。我之外都是异端，这已经走向中国传统文化精髓的反面了。东林党人哪怕有杨涟、左光斗这样不乏闪光人格的人，但整个路线方向都错了，其价值也就终于人品上了。之后的东林党人，连人品都谈不上，还不如阮大铖这样被列为阉党的人。

刘群

评价一个人，不要看他说了什么，而要看他做了什么。哗众取宠、道貌岸然、嘴炮打得欢，人事儿一件不干，国家民族命悬一线之时内斗不止，敌人大兵压境之际节操全无，这样的人说破大天去也洗不白。当然了，要让以东林党为代表的读书人背黑锅也不仗义，但传统文化思想走到穷途末路也是真的。

周武君

治理国家明明是能力加技术问题，偏偏这群读书人都在道德上做文章，以道德为武器互相攻击，从而掌权。从明太祖罢丞相起，治理国家就完全依靠皇帝的手腕和能力，一旦皇帝能力不济，为了维持权力平衡，太监就进入政治，皇权与太监结合，从而维持与文臣的平衡。明朝晚期这个平衡彻底被打破，皇帝无法驾驭这两股势力，无法维持最基本的政权稳定，接下来就是无休止的内斗和消耗，最终让整个政权失去治理能力，也就无法应对外在的挑战，诸如满洲崛起、流民问题等。物必先腐，而后虫生，明末的党争其实就是政权腐败的征兆开始蔓延到台面上，好像还有气力，实则早已崩溃。

编后语

魏忠贤和东林党人，为什么势不两立？

在人们的观念中，“忠臣”的对立面应该是“奸臣”。而奸臣要么是里通外国的卖国贼（如秦桧），要么是欺君罔上、图谋篡位的叛逆（如司马昭），然而在历史的实际进程中，有时候却并非如此。

杨涟的死对头魏忠贤，对于明廷，特别是对于天启皇帝，其赤胆忠心绝不亚于以忠清自诩的东林党人。他会为天启病重而惶惶，会为救天启而奋不顾身跳入水中，和东林党人一样，他也想朱明的江山永固。问题来了，同样是忠于皇帝的魏忠贤和东林党人，为什么会势不两立呢？

这缘于他们在忠的内涵方面，有着各自的追求。

首先，忠的出发点不同。东林党人的忠君，是从儒家的道义出发，他们把忠君爱国（社稷）当成政治原则和道德规范来实践。杨涟在死前写下血书：“涟即身无完骨，尸供蛆蚁，原所甘心。但愿国家强固，圣德刚明，海内长享太平之福。此痴愚念头，至死不改。”即便天启默许魏忠贤诬杀他，他依然不悔，因为他忠诚的出发点并非某个具体的人，而是一种抽象化的道统。从泰昌皇帝将他这个七品言官当成顾命大臣那一刻起，他的悲剧就注定了，何以报先皇之恩，唯有士为知己者死。

魏忠贤对天启之忠则是发源于另一种渠道。他是看着天启长大的老仆人，对于主人有一种近于狗对主人的那种依恋之情，还有一种祖父对于孙儿的宠溺之情。万历时期，小皇孙一房相当萧条，而魏忠贤一直恭恭敬敬，在宫中颇有忠心耿耿的口碑。同样是忠，东林党人是出于理念，而魏忠贤是出于情感。

其次，魏忠贤和东林党人在与天启的交往上也不同。魏忠贤身居内廷，不离天启左右，再加上客氏这一层关系，与天启的联系非常密切。而东林党人即便是朝中重臣，也很难同皇帝保持礼仪性质之外的交往。

关系上的差异又形成了情感上的不同。魏忠贤同天启之间有种只有长期相处才能培养出来的亲切温情，而东林党人同天启之间的情感缺少人情味，他们想致君于尧舜，对其敬如神明。更何况，天启并非可塑之君，东林党人失望之余在心里会对天启不满，在潜意识里，这种不满甚至会凝聚成轻蔑。

不同的基础，造成两种忠诚完全不同的行为方式。魏忠贤关心的是天启的身心愉悦，而东林党人关注的是天启的道德完善。泰昌的遗言是"卿等辅佐太子为尧舜"，这成了东林党人的行动纲领，他们教诲、劝诱、诤谏甚至谩骂，知其不可为而为之。这种牛不喝水强按头的上课行为，惹烦了少年天子，让他觉得东林党人"好生狂悖"。

两种忠诚的结果是，魏忠贤得到了天启的依赖，东林党人受到天启的忌恨。这就是杨涟等人的悲剧所在。

说完了两种"忠诚"的异同，接下来我们来澄清一些史实。任何历史书写都带有书写人的主观意志，很难做到绝对客观，以下问题梳理，我们尽可能让历史回归历史。

1. 东林代表江南大地主阶级的利益吗？

要弄清楚这个问题，首先要弄清楚东林这个概念的内涵和外延。谈迁在《枣林杂俎》中写道：

> 万历末，朝士分党，竞立门户。有东林之党，无锡顾宪成、高攀龙，金坛于玉立等，废居讲学，立东林书院，而常镇人附之。有昆山之党，则顾天峻及湘潭李胜芳，苏人附之。有四明之党，则沈一贯，浙人附之。有宣城之党，则汤宾尹，而宁国、太平人附之。有江右之党，则邹元标；有关中之党，则冯从吾，各同省人附之。冯尝督学山西，则山陕合。冯、邹又讲学相善，又江右山陕合也。

谈迁梳理出了万历末期的党派，有东林党、昆党（江苏昆山）、四明党（浙江）、宣党（安徽宣城）、江右党（江西）、秦党（陕西）、晋党（山西）。再加上谈迁没有提的齐党和楚党，我们做一个敌友区分，其中东林党、江右党、秦党、晋党结盟，他们的政治对手是浙党、宣党、齐党、楚党。从谈迁的记录中可知，东林党的地域范围只包括无锡、常州和镇江，其政治对手昆党、浙党在地域上则包含了昆山、苏州和浙江。

明朝行政上的江南即南直隶，具体包括应天府（南京）、凤阳府、淮安府、扬州府、苏州府、松江府、常州府、镇江府、庐州府、安庆府、太平府（当涂）、池州府、宁国府（宣城）、徽州府、徐州、和州、广德州。经济上的江南指的是南直隶的应天、镇江、常州、苏州、松江五府和太仓州，再加上浙江的嘉兴、杭州、湖州等三府。

无论是行政上的江南，还是经济上的江南，东林都涵括不了，遑论代表“江南大地主阶级”。如果非要说东林代表了谁，只能说东林与其政治对手一样，都代表了地主阶级的利益。东林与齐楚浙昆宣党之间的矛盾，是统治阶级内部的矛盾。

2. 在东林党的运作下，明末不对东南加税而是选择对西北征税？

如果真是这样，山西党和陕西党就不会成为东林的盟友了，它们会把东林干死。事实上，不仅仅是西北一地，明末增税是全国范围内的，而且国家每拿到一两税收，中途都要被各种蛀虫吃掉好些。

3. 东林党是文官集团，阉党是太监集团？

东林党不能代表全部的文官，阉党也是由文官组成的。阉党的形成时间是天启三年，主要人员包括万历末期的齐党、浙党，甚至有部分江右党人、东林党人，如吏科给事中阮大铖就被阉党列入《东林点将录》，绰号“天究星没遮拦”，他后来就投靠了阉党。不能以《东林点将录》来划分东林党，这个名单是党争扩大化的结果，魏忠贤把反对他的很多无明显派系色彩的官员都划到了东林。

所以，无论是东林，还是阉党，都是外廷的文官，内廷的魏忠贤只不过是阉党的统领。

4. 东林是伪君子，阉党是真小人？

顾宪成在东林书院讲学的初衷，是重返宋明理学正宗——程朱理学，这主要针对王阳明的心学。所以，东林以及政治盟友如果说有什么理念，就是这个理念。

和东林领袖之一赵南星一起主持天启三年京察的陕西党人张问达，曾上疏弹劾泰州王学的李贽，说李贽刻《藏书》《焚书》等作品，“流行海内，惑乱人心”。这是以程朱正统黜王学异端，妥妥的“君子范儿”。

东林党人向来以君子自居，如邹元标，早年张居正夺情，他反对张居正导致被廷杖；后来张居正倒了，人人喷张居正，他又反过来为张居正辩解，结果又被廷杖了。这种站对不站队的人，很有气节。

同样，阉党也是以君子自居。阉党“十狗”之一的工部主事曹钦程就抨击东林党“排挤正人”“搏击善类”，《熹宗实录》（卷五十七）载：

李应昇专为东林护法，排挤正人，亟引高攀龙以四年前一典史骤跻总宪，遂乘奥援欲攘北直提学；黄尊素以汪文言幸冒台班，即荐师邹维琏于赵南星，破例得入吏部，一味搏击善类。

阉党不但以君子自居，甚至不承认自己是阉党，反而指责东林是阉党，《熹宗实录》（卷六十三）载：

杨涟、左光斗、周朝瑞、汪文言凶恶小人，目无法纪，素与内侍王安互相交结，妄希定策，首倡移宫，夤缘作弊，符同奏启，威逼康妃，亏朕孝德。又与魏大中、袁化中、顾大章结成一党，紊乱朝政。明知熊廷弼失陷封疆，罪不在赦，乃敢贪其重赂，共为营脱，赖九庙神灵，罪人斯得诛……

在阉党看来，杨涟、左光斗结交太监王安，这才是妥妥的阉党（一定程度上符合事实）；还受贿为败将熊廷弼开脱，没有君子的操守（这个是冤枉）。

所以，无论是东林还是阉党，都以君子自居。魏忠贤更甚，造生祠与孔庙同祀，都把自己提到了孔子的道德高度了。

5. 明亡于东林?

东林的大本营最初是在都察院和六科，基本上是一群纪检干部。天启初年后，因为东林挺了泰昌和天启，实力大盛，人员扩展到了吏部。晚明施政流程是：内阁提方案（票拟）→皇帝拍板（批红）→六部去落实（执行）。事情办好办坏，都和东林没有太大关系。

明朝中后期的体制决定了外廷官员想要做事，必须和太监搞好关系，如兴安之于于谦，张永之于王阳明，冯保之于张居正，王安之于杨涟，这些都是先例。东林党人既然可以和王安结盟，在魏忠贤曾经几度向他们示好的情况下，为什么不愿意与魏忠贤结盟？

在天启完全信任魏忠贤的情况下，东林党人搞定了魏忠贤，是可以干一番大事的。东林没有这么做，大概是觉得魏忠贤的人品太差了，迫害自己的上司王安，抢朋友魏朝的女人客氏，前者不忠，后者不义。

魏忠贤与东林党人反目成仇后，党争由万历末的贬官、在道德上批判对手，发展到了在肉体上消灭对手，对后来的政局造成了恶劣的影响。所以，不能说“明亡于东林”，只能说党争是晚明衰亡的原因之一。

6. 历史与现实

当下关于东林党和阉党的讨论泛滥网络，一些网友将二者符号化了，以致以讹传讹。回顾一下当时的思想史，中华人民共和国成立后到 20 世纪 70 年代末，讨论最多的晚明人物，是泰州王学的传人李贽；70 年代末以后，谈东林书院的文章才逐渐多起来。个中缘由，就不多说了。

概而言之，从思想史的脉络来看，泰州王学和东林书院才是真正的对手。

努尔哈赤

如何做到奇迹般崛起？

努尔哈赤者，建州之黠酋也，拥有骁骑数千，志不在小。

明朝时，
女真人分为三大部：
建州女真、海西女真和野人女真。
其中建州女真分布在长白山西麓，
今天辽宁、吉林两省东部，
以及牡丹江、绥芬河一带。

建州女真又分为八大部、若干个小部落。
明朝设立建州卫、建州左卫、建州右卫、毛怜卫加以管理。
建州女真在明朝与朝鲜的夹缝中生存，处境十分艰难。

万历二年（1574），
由于建州女真酋长王杲
屡次骚扰边境，
明朝派辽东总兵官李成梁
出兵征剿。
王杲的亲家、
建州小酋长觉昌安决定
给明军当带路党。

明军剿灭了王杲后，
他的儿子占据古勒寨，继续对抗明朝。
万历十一年（1583），李成梁攻克古勒寨，
但是觉昌安和他的儿子塔克世却被明军误杀。

塔克世的长子、25岁的
努尔哈赤惊闻噩耗，
上书质问明朝为何
无故杀其祖、父。
明廷表示是误杀，
同时授予他敕书、马匹，
归还觉、塔的尸体。

觉、塔被误杀，
与另一位带路党尼堪外兰坑队友分不开。
努尔哈赤要求明朝交出帮凶，
而明朝有意扶持尼堪外兰为建州之主，
拒绝了努尔哈赤的请求。

尼堪外兰有明朝撑腰，
势力不断壮大。
连努尔哈赤的伯祖父、
叔祖父都打算杀掉他
投靠尼堪外兰。
努尔哈赤和他的四个弟弟
陷入了众叛亲离的困境。

当时，
努尔哈赤只有盔甲13副，
部众数十人，
他联合另外几个部落
一起攻打尼堪外兰的
老巢图伦城，
尼堪外兰得知消息后逃遁，
努尔哈赤攻克了图伦城，
赢得了首胜。

最初，
努尔哈赤在建州各部中力量十分微弱，
但是经过5年的奋战，
到万历十六年（1588），
努尔哈赤基本统一了建州女真，
还斩杀了仇敌尼堪外兰。

努尔哈赤的异军突起
引起了海西女真的注意。
与一直高度分裂的
建州女真不同，
海西女真很早就形成了
实力雄厚的哈达、叶赫、
乌拉、辉发四大部落。

注："贝勒"原为女真贵族称号，
后来成为宗室爵位名。

万历二十一年（1593），
海西女真四部联络蒙古科尔沁部、
长白山女真等九部联军向建州进发，
努尔哈赤根据地形布置好防御工事后，
安然就寝入睡。

联军兵力 3 倍于建州，
但由于指挥混乱攻势受挫，
行至古勒山（今新宾境内）时，
遭建州军伏击，溃不成军，
叶赫贝勒被杀，乌拉贝勒被擒。
努尔哈赤获胜后，
统一了建州全境。

此后，
努尔哈赤于万历二十七年（*1599*）
攻灭哈达部，
三十五年（*1607*）吞并辉发部，
四十年（*1612*）、四十一年（*1613*）
两次讨伐并灭亡乌拉部。

努尔哈赤的不断壮大
离不开明朝的纵容，
他用心笼络明朝官将，
极力表现对明廷的忠顺。
另外，明军多次重创海西，
朝鲜之役爆发后，
辽东兵力空虚，
也客观上为他提供了机遇。

与军事胜利同步的是建州的政权建设。
早在万历十五年（1587），
努尔哈赤就筑城开衙，初定国政。
二十七年（1599），
努尔哈赤根据蒙古文主持创制满文。

"牛录"原为
女真人的狩猎小队。
万历二十九年（1601），
努尔哈赤整编军民，
以300人为一牛录，
长官为牛录额真，
并设立黄、白、红、蓝
四旗加以区分。

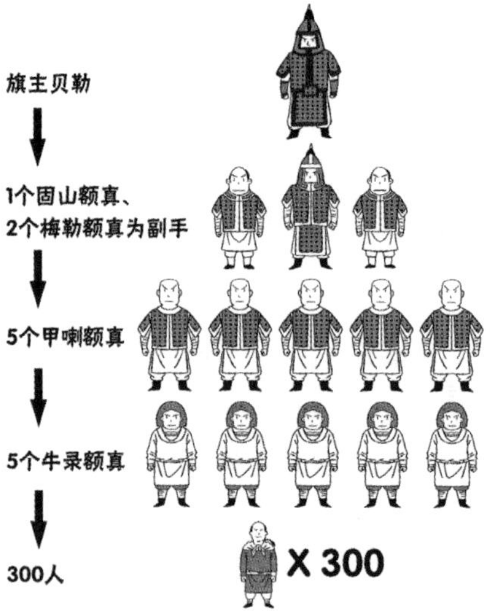

吞并乌拉后，部落规模更加扩大，
万历四十三年（1615），
努尔哈赤以五牛录为一甲喇，
五甲喇为一固山，
又在原有四旗基础上增加
镶黄、镶白、镶红、镶蓝，构成八旗。

注：八旗旗主贝勒由努尔哈赤的子侄担任。

由于努尔哈赤的成功蒙蔽，
明朝 30 年未进攻建州。
万历四十四年（1616），
努尔哈赤
在赫图阿拉（今辽宁新宾境内）
正式建国，
国号“后金”，年号“天命”，
称号“覆育列国英明汗”。

努尔哈赤建国称汗后，
又收服了东海、
黑龙江等野人女真部落。
天命三年（1618 年，万历四十六年），
努尔哈赤发布“七大恨”
向明朝问罪，
并且誓师征明。

后金军连续攻克抚顺、
清河堡（今本溪境内）。
次年，明廷经10个月的准备，
从全国调来兵马十余万，
筹饷300万两，
以杨镐为辽东经略，
联合朝鲜、叶赫，
兵分四路围剿后金。

西路军主帅杜松立功心切，
孤军深入，
被后金军在萨尔浒
（今抚顺境内）、
吉林崖全歼。
随后，
努尔哈赤又集中兵力
击溃北、东两路明军，
南路李如柏部闻讯后撤退。

萨尔浒之战后，
明军再无力量发动攻势，
后金军由守转攻，
连续攻克开原、铁岭等
辽北重镇。
随后，努尔哈赤挥师北上，
征讨海西女真中最后的
宿敌——叶赫部。

注：布扬古的妹妹，人称北关老女，艳名远播女真、蒙古各部，最早许聘努尔哈赤，后来又改许多个贝勒，33岁才远嫁蒙古喀尔喀部。

后金兵分两路，
分割包围叶赫东、
西城（今吉林四平境内），
随后爆发惨烈的攻城战。
东城被攻破后，
东城贝勒金台石自焚未遂，
被杀。
西城贝勒布扬古开城投降，
被努尔哈赤处死。

天命六年（1621年，天启元年），
努尔哈赤趁明朝皇位更迭，
攻陷沈阳、辽阳，尽得辽东之地，
并迁都辽阳。
明朝举国震惊，
派熊廷弼、王化贞抵御后金。

注：后来努尔哈赤打算在辽阳以东另建都城。天命十年（1625年，天启五年），努尔哈赤再次改变主意，力排众议迁都沈阳。

次年，
努尔哈赤经过十个月的准备，
侦知熊、王二人不和之后，
进攻辽西重镇广宁
（今辽宁北镇），
由于明朝将领暗降，
后金轻取广宁。
明朝辽西国土仅剩
宁远—山海关一线。

八旗官兵须谨慎小心，汉人投毒于水、在盐中放药，以药养猪出售。官兵不要在买猪当日宰杀，须待药毒散尽，才能宰食。用水用盐，都要格外小心。

辽东地区原本繁荣富庶，
后金军入侵以后，
多次抢掠财产，纵火毁城，
屠杀百姓，强迫剃发，
更有大量汉人沦为奴隶。
辽民不堪奴役，
爆发了全民性反抗运动。

努尔哈赤为了安定辽东汉人，
下令让他们各守旧业，
同时颁布“计丁授田令”，
将无主之田分给
进入辽东的八旗官兵，
以及辽东汉人耕种，
平时种田，战时为兵。

天命十年（1625，天启五年），
明廷以高第取代孙承宗，
高第主张放弃山海关外的土地，
唯有镇守宁远（今辽宁兴城）的
袁崇焕拒绝撤回。
宁远就成为孤悬关外的一支力量。

次年初，
努尔哈赤亲率13万大军
进攻只有1万余守军的孤城宁远，
然而却遭遇了黑科技“红夷大炮”，
后金军围攻十多天后伤亡惨重，
努尔哈赤遭遇了军事生涯的首败。

兵败宁远8个月后，
努尔哈赤病逝于从清河返回沈阳的途中，
时年67岁。
努尔哈赤生前没有指定继承人，
经八旗贝勒推举，
由第八子皇太极继承汗位。

读者有话说

铁甲依然在

东林党为一己私利，在朝廷用兵之际，阻止向江南富豪征税。朝廷大臣本该一心对外，却分为这党那党，每天都在争权夺势，不顾大局，到头来却把罪责全都推给宦官。说到底，起用宦官，还不是因为大臣不争气，处处要跟皇帝对着干，来成就自己虚妄的名声和实际的利益。看看李自成抄的北京达官显贵的财产数量就知道了，明朝实亡于东林党。

江山风雨情

后金崛起，除了边军不作为，有几件事不可回避。一是队友乱指挥，萨尔浒一战，派出外行的杨镐当监军，分兵四路包抄后金，结果呢？人家管你几路来，我只一路去。先破杜松，后以降兵欺骗刘铤部，一日之内连破两军。而另外一路明军，甚至只是被吓了一阵，就自相践踏地伤了一大堆。四路明军加仆从军，就毁在不知兵的杨镐手上。二是汉奸，什么学三国之类的，十有八九是清廷在胡吹法螺，真正帮忙的，还是范文程、宁完我、洪承畴、孔有德、吴三桂这样的“识时务者”。还有卖国求荣的晋商集团，刀、枪、铠甲、盐、铁、茶，甚至军事情报，什么都卖，正是他们才导致了百战铁血的戚家军和四川的白杆兵在大凌河一战中殉国。三是辽东将门，像李氏在早期有不少机会灭后金于襁褓中，但他们始终不作为。萨尔浒战役时，李氏可以直击赫图阿拉，但他始终按兵不动，所以当时有童谣说“奴酋女婿作镇守，不知江山入谁手”。四是无能加无耻的东林嘴炮党，忽悠几任皇帝，陷害辽东熊、袁督师，贪污受贿无所不为。有他们在，边军束手无策，眼看人家入关抢钱、抢粮、抢人也不敢动，一动就被一帮疯狗级别的文官狂咬，如何敢打！有这些因素在，后金不起才叫怪事。

郭金伟

13副铠甲终究不是防弹衣，努尔哈赤得势的根本原因还是明王朝的庇护。而且，推翻明王朝统治、动摇明王朝根基的不是女真人，而是李自成的农民起义军。事实上，直到1688年，南方的明朝势力才得以清除。甚至康熙年间，竟然有民窑磁器的落款是大明康熙制。明晚期的皇权已经极大衰落，从内阁首辅大臣到普通百姓，绝大多数人都会不自觉地认为，只要别动自己的奶酪谁当皇帝都行！这就不难理解，为什么晚明出了那么多“汉奸”。而当崇祯皇帝因为内帑空虚向诸臣筹措资金时，这些贪官污吏不仅无动于衷，还向皇帝哭穷。这和陆秀夫拉着小皇帝赵昺跳海、文天祥宁死不屈的境界比差远了。

指南者咨询空心木

铲清朝不妨着眼于世界历史大势。汉民族皇权体制，到明中晚期其先进性已荡然无存，制约了民族文化、经济、社会意识形态的进步。吊诡之处在于：疲惫的王朝不是被先进的体制和文明取代，而是相反，野蛮战胜了疲惫的文明。

曲水流觞

原因是多方面的，明朝常备军满额应该是300万，到万历朝只有90万，还抽调其中20万精锐投入三大征。努尔哈赤刚崛起时，大明没有良将可用，等到袁崇焕、孙传庭、卢象昇出场，满洲八旗已成气候了。

编后语

努尔哈赤之死

根据史料记载，宁远之战中，后金有重要人物被明军击毙或击伤。蓟辽经略高第奏报明廷："奴贼攻宁远，炮毙一大头目，用红布包裹，众贼抬去，放声大哭。"

张岱《石匮书后集》记载："炮过处，打死北骑无算，并及黄龙幕，伤一裨王。北骑谓出兵不利，以皮革裹尸，号哭奔去。"

而朝鲜人李星龄的《春坡堂日月录》记载最为详细：朝鲜译官韩瑗随团出使明朝时，与袁崇焕相见，袁很喜欢他，宁远之战时把他带在身边，于是韩瑗得以亲眼目击战役全过程。战后，袁崇焕曾派使臣前往后金军营探望努尔哈赤，并加以言语讥讽。努尔哈赤原本就在炮战中受重伤，最终因为恚懑不已而一命呜呼。

于是，一些历史研究者就此认定，在宁远炮战中被击伤的后金重要人物就是努尔哈赤，重伤加恚懑最终导致了努尔哈赤的死亡。

但是，这种观点漏洞十分明显。首先，既然袁崇焕曾派人到后金营中探望，得知努尔哈赤受重伤，那么为何无论是袁崇焕本人向朝廷报捷，还是朝廷下诏表彰，抑或朝臣祝贺大捷，都只字不提努尔哈赤受伤呢？

假如努尔哈赤被击伤属实，那么这不仅是袁崇焕本人的大功，亦是明军的重大胜利，值得大书特书，足以激励士气。然而不但清朝史书讳莫如深，明人亦无只言片语的记载。

其次，从兵败宁远到努尔哈赤逝世，中间有 8 个月时间。在这 8 个月中，努尔哈赤活动颇多，从“整修舟车、试演火器”，到“远边射猎、挑选披甲”，积极筹备再次进攻宁远。

另外，努尔哈赤还曾率军远征喀尔喀蒙古巴林部，大获全胜，直到五月毛文龙进攻鞍山，后方吃紧，才回师沈阳。五月二十一日，努尔哈赤出郭十里，亲自迎接前来朝见的蒙古科尔沁部首领，完全不像重伤之人。

直到七月，努尔哈赤疽病突发，才前往清河汤泉治疗。八月七日，病势转危。十一日，乘船顺太子河而下，转入浑河时，与前来迎接的大福晋乌拉那拉·阿巴亥相见，行至离沈阳 40 里的叆鸡堡时逝世。

因此，努尔哈赤在宁远之战中受伤的可能性不大，他的死与宁远之战并无直接关联。

早在努尔哈赤生前，储位之争就已经开始。努尔哈赤起兵之初，其胞弟舒尔哈齐就一直是集团二号人物。万历三十五年（1607），建州与乌拉部爆发乌碣岩之战，舒尔哈齐拥兵观望，后被努尔哈赤削夺兵权。两年后，舒尔哈齐率部出走，欲自立门户，被努尔哈赤发觉，于是将舒尔哈齐圈禁至死。

此后，权力争夺的焦点转移到努尔哈赤长子褚英身上。褚英的生母是努尔哈赤的原配佟佳·哈哈纳扎青。褚英成年后，屡立战功，受命执掌国政。然而褚英心胸褊狭，行事操切，与决策层中的四大贝勒、五大臣产生了严重的矛盾。

四大贝勒是指努尔哈赤的次子代善、舒尔哈齐次子阿敏、努尔哈赤第五子莽古尔泰、第八子皇太极。五大臣是后金的五位开国元勋。

褚英计划削夺四大贝勒、五大臣的权力，甚至曾表示即位后会将他们诛杀，结果招致贝勒和大臣的联合告发，于是努尔哈赤开始疏远褚英。此后，褚英又因诅咒之罪遭到圈禁。努尔哈赤称汗的前一年，褚英被处死，时年 36 岁。

褚英失势后，立储之争愈演愈烈。四大贝勒中，阿敏是努尔哈赤的侄子，没有资格继承汗位；莽古尔泰的母亲富察・衮代获罪后，他弑母邀宠，引发公愤。因此汗位之争，主要围绕在代善与皇太极之间。

与皇太极相比，代善更有优势。代善的母亲是努尔哈赤的原配，而皇太极的生母叶赫那拉・孟古哲哲并非大福晋。代善手握正红、镶红两旗，而皇太极只有正白旗。代善为人宽厚，在贵族集团内部广得人心，而皇太极为人威厉，人皆畏惮。

天命五年（1620，万历四十八年），努尔哈赤的小福晋塔因查告发代善与大福晋之间有暧昧关系，努尔哈赤不欲家丑外扬，代善也并未获罪，但是他从此也从汗位争夺战中出局。因此，塔因查告状很有可能是皇太极的谋略。

努尔哈赤晚年废除立储旧制，建立八大旗主贝勒共议国政的制度，八大贝勒有权拥立、废黜新汗。

努尔哈赤死后，最有希望继承汗位的人选，除了皇太极，还有大福晋阿巴亥的三个儿子：22 岁的阿济格、15 岁的多尔衮、13 岁的多铎。阿巴亥是努尔哈赤晚年的宠妃，时年 37 岁，多铎和阿济格还分别领有正黄、镶黄二旗。然而他们母子势力过于强大，难为诸王贝勒所容，遂阿巴亥被迫令殉葬。阿巴亥死后，其三子年少失去依恃，于是汗位最终归于皇太极。

崇祯

人生如此努力，然而并没有用

朱由检是自明太祖朱元璋以来罕见的勤政之君，在位十七年夙兴夜寐，然而边患、民生、贪腐、党争等难题却一个都没有处理好。

崇祯

生于末世运偏消

崇祯是历代亡国之君中
最悲剧的一个，
在位 17 年，不当木匠不炼丹，
不做老司机不翘班，
最后却落得一个
“君王死社稷”的下场。

放开我，我还能嗑……

故事从大明天启七年（1627）说起，
23 岁的熹宗朱由校服用“仙药”身亡，
由于膝下无子，
按照“父死子继、兄终弟及”的规定，
17 岁的朱由检坐上了大明的头把交椅，
改元崇祯，从此君临天下。

朱由检上位后做的第一件事，就是撸掉魏忠贤。
魏忠贤是大内总管，
掌控锦衣卫和东厂，
统率文官集团中的齐、楚、浙党，
虽说跩得跟二五八万似的，
但对还是信王的朱由检还算客气，
时不时给他送些花花草草。

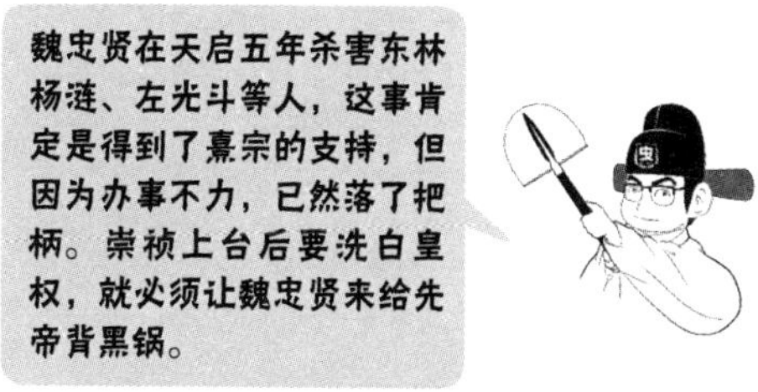

撸掉魏忠贤之后，
朱由检用搞运动的方式
处理前朝遗留下来的政治问题，
该翻案的就翻案，该打压的就打压，
位子差不多坐稳了……

但前几任留下的
烂摊子却很棘手——

一是边患。
后金自万历年间便崛起于
白山黑水之间，
其军事力量直逼山海关，
给大明的边防造成极大威胁

二是民生。
连年的水旱灾害使得
全国各地相继出现了大饥荒，
没饿死的大多揭竿而起，
陷城杀吏。

揭竿而起的起义军

三是贪腐。
明朝官员的俸禄极低，
单靠死工资根本没法养家糊口，
官吏办事额外收钱都有定例，
举国上下，
几乎找不到一个清廉的官员。

这怪谁咧……

四是党争。
从万历时期延续下来的党争
不仅没有消除，反而斗得越来越欢，
别说耽误国家大政，
连日常办公都受到影响。

加油，微笑着面对人生！

四大难题没有一个是容易搞定的，
要开创一个中兴局面真是千难万难。
朱由检决定迎难而上，
从此开启了他努力（bēi jù）的人生。

一改前几任皇帝的散漫作风，
朱由检鸡鸣起床，
每天都参加日讲经筵，
努力提高知识水平；
认真阅读每一个本章和票拟，
务求处理精当，
经常加班加点到半夜三更。

针对边患问题，
朱由检起用袁崇焕为兵部尚书，
赐予尚方宝剑，
托付他收复全辽的重任。
但崇祯二年（1629）十月，
皇太极率领10万大军绕道蒙古，
一路所向披靡，
直逼京城，
生性多疑的朱由检认为袁崇焕
与皇太极勾结，处决了袁崇焕。

崇祯三年（1630）正月，
后金的部队回师向东，
朱由检松了一口气，
但由于天灾人祸，
西北各处的农民纷纷起义。
洪承畴领兵平乱，每天都有捷报，
然而起义军却越剿越多。

崇祯初年的基础财政收入，
每年定额只有1461万两，
军费开支每年多达1530万两，
加上行政官员的工资、皇N代的俸禄开支，
财政入不敷出。

朱由检认识到，
只有充分地赈灾救济饥民，
才能从根本上平定这场内乱。
但赈灾要钱，财政年年亏空，
根本没钱。
于是西北之势愈演愈烈，
到了崇祯五年，
大股农民军已经从陕西打到河南了。

仿佛身体被掏空……

我擦泪，都是智障。

崇祯四年（1631）的秋天，
朱由检对朝臣们的能力和
品德彻底失去信心，
如何抵御外患、消弭内乱、
治理财政和破格用人，
崇祯发现朝堂上居然无人能解，
他决定重新起用宦官监督各要害部门。

起用宦官，只能够遏制和
揭发少数官员的贪腐，
面对体制性的腐败，
并无助于问题的解决，
何况宦官本身也贪污，
崇祯只能想其他办法搞钱了。

搞钱的手段无非是开源和节流。
朱由检强行摊派官员们捐助，
结果遭到强烈抵制，
最后只能给农民加派赋税，
但这无疑是饮鸩止渴。

为了节流，
朱由检还在臣子的建议下裁撤了驿站，
失业的诸多驿卒中有一个
陕西米脂的汉子——他叫李自成。

从崇祯四年起，
李自成就已经开始崭露头角了，
此人号称闯将，
他的队伍被称为“八队”，
突出特点是纪律严明，
所部令行禁止，
因而虽几经挫折却能日益发展，
算是农民军中最强的。

崇祯八年，河南的农民军席卷而东，
其中一支攻下了凤阳，
把朱由检的祖坟给扒了。
朱由检痛哭之际，
不断换将镇压农民军，
其中值得一说的是孙传庭和杨嗣昌。

孙传庭率领秦军在子午谷
和高迎祥激战四天，
活捉高迎祥，和洪承畴联手，
在潼关南原以重兵埋伏，
打得李自成剩十八骑兵。
此时清军攻入长城，
孙传庭回京防御，
因与杨嗣昌不和被下狱。
崇祯十五年（1642）复出，战死。

杨嗣昌提出攘外必先安内的战略规划，
虽然在四川玛瑙山大败张献忠，
但随后被党争所牵制，终究无力回天。
崇祯十四年（1641），
洛阳、襄阳相继被张献忠攻破，
二王被杀，
杨嗣昌惊惧交加而死。

吓得我的秘密都掉出来了

天灾方面，据《汉南续郡志》记载，
崇祯元年全陕天赤如血，
五年大饥，六年大水，七年秋蝗、大饥，
八年九月西乡旱，略阳水涝，九年旱蝗，
十年秋禾全无，十一年夏飞蝗蔽天，
十三年大旱，十四年旱。
灾害不断，农民军的兵源也就源源不断。

手里呀捧着窝窝头
菜里没有一滴油

内政方面，朱由检轻于用人，
在17年内先后任用过49位内阁大学士，
人称“崇祯五十相”，任用过兵部尚书
17人，平均一年换一个。
这么搞，严重破坏了政策的延续性。

性格方面，朱由检用人必疑，
当时处决袁崇焕后，
副将祖大寿率领部下投奔后金，
祖大寿投降后，
崇祯帝不得不抽调对付农民军
很有经验的洪承畴救援锦州，
结果洪承畴在锦州被围了六个月，
食尽被俘。

朱由检多疑的性格
还坑了孙传庭，
导致战斗力很强的秦军在
一度碾压农民军的情况下
群龙无首。
而好面子又让他拉不下脸来
和后金议和，
致使两线作战，
不得不用战斗力超强的
关宁军防守边关。

以上种种原因，导致农民军“剿而不尽”。
崇祯十七年三月初，
李自成率领的农民起义军势如破竹，
攻克了宁武，
明军一败涂地，京城已经岌岌可危。

哦卖糕的，这不是真的……

朱由检连夜召诸大臣商议对策。
他心里想南迁，可是自己不说，
盼望大臣提出并一致赞成，
谁知没有几人支持。
僵持之际，
李自成已经攻陷了保定，
南迁的路被从中掐断，
南迁之议也就成了泡影了。

乱成一锅粥的朝堂和不知所措的崇祯

崇祯十七年(1644)三月十七日，
李自成率领的农民起义军
攻入北京，
朱由检无路可逃，
次日在紫禁城后的煤山上
自缢殉国。

朱由检是自明太祖朱元璋以来罕见的勤政之君，
在位十七年夙兴夜寐，
然而边患、民生、贪腐、党争等难题
却一个都没有处理好，
固然与他刚愎自用、猜忌多疑的性格有关，
但更多是大势使然。

从万历到天启，
几十年积累下来的弊政，
压垮了大明的统治架构，
内忧与外患同时袭来，
让他无力回天。
明史学者孟森评曰：
思宗而在万历之前，非亡国之君也，
在天启之后，则必亡而已矣。

这说明——
一个人的命运，
当然要靠自我奋斗，
但是也要考虑到历史的进程。

编后语

崇祯可能成为中兴之主吗？

邹漪在《明季逸闻》序中将崇祯帝与历史上一些失德丧邦的君主做了比较，崇祯不像夏朝太康那样尸位素餐，不像周厉王那样宠幸内嬖，没有东汉哀帝、平帝的外戚干政，没有西晋惠帝的昏弱，比风流倜傥的宋徽宗要强得多，完全没有他们身上的那些毛病，为什么亡国的灾难还要落在他的头上？

清修《明史》评价说："帝承神、熹之后，慨然有为。即位之初，沉机独断，刈除奸逆，天下想望治平。惜乎大势已倾，积习难挽。在廷则门户纠纷。疆埸则将骄卒惰。兵荒四告，流寇蔓延。遂至溃烂而莫可救，可谓不幸也已。"诚然，经过万历晚期的荒政和天启的怠政，国家机器已经老化到无法正常运转了，再加上内忧和外患，即便崇祯再勤政也无力回天。

何况，崇祯本人刚愎自用、多疑猜忌，在用人方面出现了诸多失误。当然，这与他少时的成长环境有关，崇祯三岁失母，爷爷万历偏疼福王，爸爸泰昌宠幸李选侍，偌大的一个紫禁城，童年时期的崇祯却像一个无人在意的孤儿，自卑、敏感的性格从此养成。后来意外登基，在现实局面这么恶劣的情况下，心态长期过于焦虑，自卑、敏感的性格也很容易转变成刚愎、多疑。如果是承平之世，他未必不能成为一个中兴之主。

崇祯一朝，流言几多。在此试举三例一辩。

其一，崇祯为魏忠贤平反？此事正史不载，查出处，出自冯梦龙的《燕都日记》：化淳昔事忠贤，奏言："忠贤若在，时事必不至此！"曹化淳是王安门下。王安和东林结盟，天启初年被魏害死。曹本人也更倾向东林。平反之说，或是南明弘光朝某些人为迎合阮大铖、杨维垣而捏造的谣言。

其二，曹化淳曾为李自成打开城门？此说因金庸的武侠小说《碧血剑》采用而流传极广。早在崇祯十二年，曹化淳就告老还乡了，此后一直待在武清，再次返京是清兵入京之后的事了。李自成攻陷北京城的时候，曹并不在京，当时的九门提督是司礼监太监王承恩。是以，广安门并不是曹化淳开的。

其三，崇祯内帑有几千万两白银？当时被俘的翰林院检讨杨士聪说："内有库锭，五百两为一锭，铸有永乐年字，每驮二锭，无物包裹，黄白溢目。其寻常元宝则搭包□□。按贼入大内，括各库银共三千七百万、金若干万。"明史学者顾诚先生还引用过大顺军破城时任明朝兵部职方司郎中张正声的话，"李自成括内库银九千九百万，金半之"。明朝白银大量流通是在明朝中叶之后的事，永乐年间哪来这么多白银？

同时代的锦衣卫佥事王世德自称草莽孤臣，以亲身经历著述《崇祯遗录》，书中言道："野史谓城破，大内尚有积金十余库，不知十余库何名。承运库外有甲字等十库，贮方物也。天财库，贮钱也，以备内外官员军校赏赐。古今通集库，贮书画符券诰命一也。东裕库，贮珍宝也。外东库，贮方物，无金钱也。库尽此矣。城破，唯东裕库贮珍宝存二耳，安得有所谓十余库积金者。而纷纷然谓上好聚敛，内帑不轻发，岂不冤哉。草野无知，传为实，始作俑者，其无后乎。"对于一些贰臣编造谣言污蔑崇祯，孤臣王世德非常愤怒。

不过，李自成确实从京城中掠夺了几千万两白银，这些钱是从哪来的？拷来的！彭孙贻在《平寇志》中说："（大顺军）所得金，大约侯家十之三，宦寺十之三,百官十之二，商贾十之二，共七千万两。宫中久已如洗，怀宗减膳、布衣，酒扈器具之金银者尽充军饷，内帑无数万之藏。贼淫刑所得，扬言获之大内，识者恨之。”

袁崇焕

是误国罪人，还是被毁的长城？

袁崇焕力主修筑的宁远城，成就了他自己。

《碧血剑》中，
袁崇焕是一个
白璧无瑕“伟光正”的英雄。
金大侠借不同阵营人物之口，
表达了对袁督师的崇敬之情。

小说中，
袁崇焕本人从未登场，
其形象完全通过其他角色的描述构建。
众旧部对他的尊崇，
在书中第一回的祭奠仪式上就可见一斑。

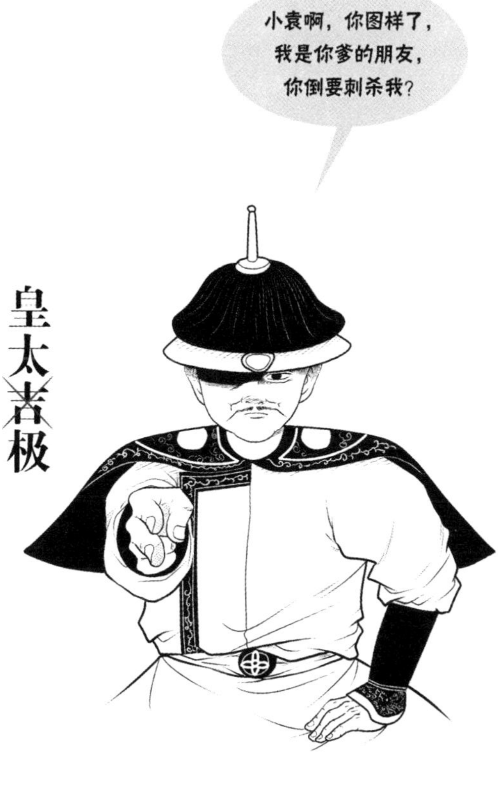

即使是对手皇太极，
也坦然赞赏他，
以袁崇焕的朋友自居，
惺惺相惜之情溢于言表，
甚至故意让祖大寿放走了
行刺的袁承志。

但崇祯皇帝对袁崇焕的态度则显得纠结。
《碧血剑》中，
面对袁承志“先父冤被皇上处死”一语，
崇祯难掩悔意，
但刚愎的崇祯仍不肯公开认错。

hi，
袁崇焕需要了解一下吗？

不同于小说里的“高大全”，
在史学家和历史爱好者眼里，
袁崇焕却是一个有争议的明史热点人物。
那么与文学形象相比，
历史上的袁崇焕到底是什么样呢？

辽事恢复之计，
不外前之以辽人守辽土，
以辽土养辽人。

——《崇祯长编·卷十一》
崇祯元年七月乙亥。

金大侠塑造文学形象，
还是有一定的史实依据的。
书中袁承志曾读到父亲遗墨
“以辽人守辽土，
以辽土养辽人”之语。
这一战略，
正是袁崇焕纵横明末辽东战场的
法宝之一。

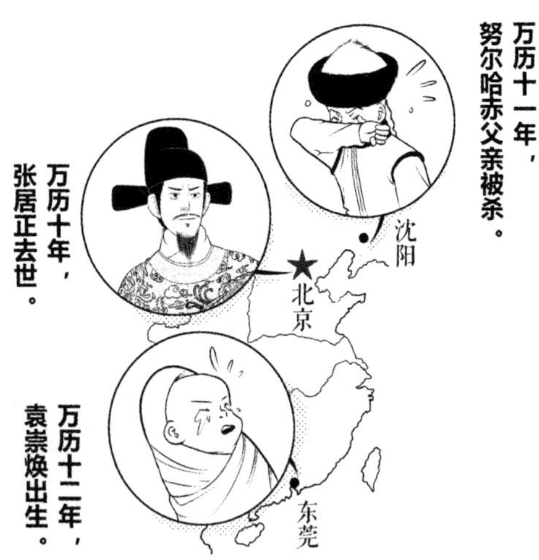

袁崇焕生于万历十二年（*1584* 年），
祖籍广东东莞。
之前一年，
明军刚刚误杀努尔哈赤的父祖，
辽东的祸根就此埋下。

袁崇焕出身于农商家庭，
因家中生意之故年幼即落籍于广西藤县。
他的科举之路并不顺利，
曾在会试中连续 12 年 4 次落第。

新的一天，
新的难过。

万历四十七年三月，
36 岁的袁崇焕终于中了进士，
任福建邵武知县。
然而就在当月，
明朝经历了萨尔浒惨败。

袁知县心系国防，
遇到返乡的老兵
都要仔细打听边塞的军情。

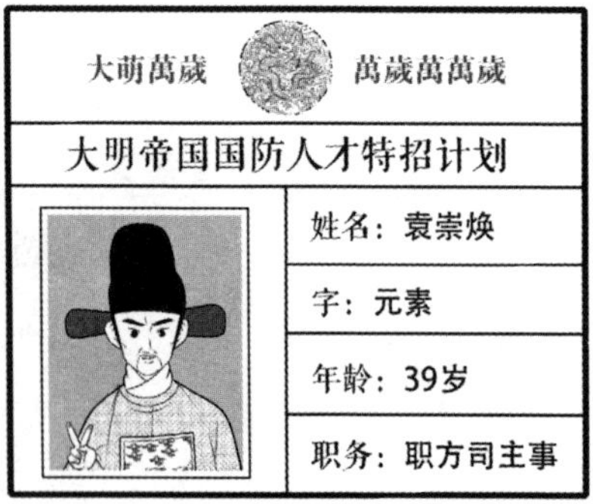

天启二年（1622年），
袁崇焕被破格推荐到兵部
做了个处级干部。

然而，刚上任，
他就赶上了糟心事：
在巡抚王化贞不断的内斗努力下，
重镇广宁终于失守了。
危难之际，
袁崇焕做出了一个令人震惊的举动：
单骑阅塞，勘察敌情。

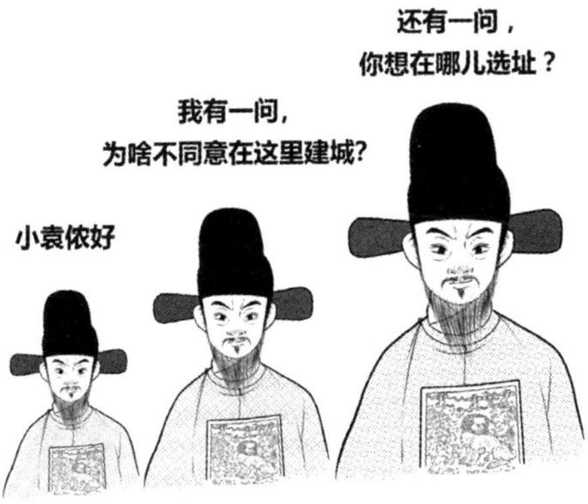

孙承宗三连

辽东经略看他胆大，
就命他为宁前兵备佥事。
不久这位领导想在八里铺修建新城，
袁崇焕却反对这个选址，
抗议无效后索性越级给内阁首辅上书，
朝廷派出帝师孙承宗去前线调查。

袁崇焕三连

山海关、八里铺、宁远卫地理关系图

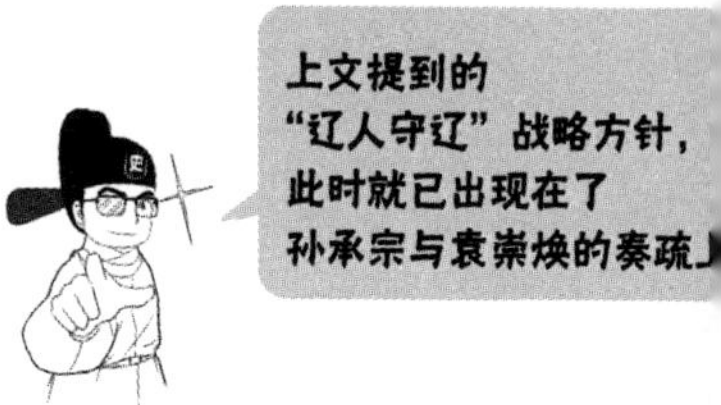

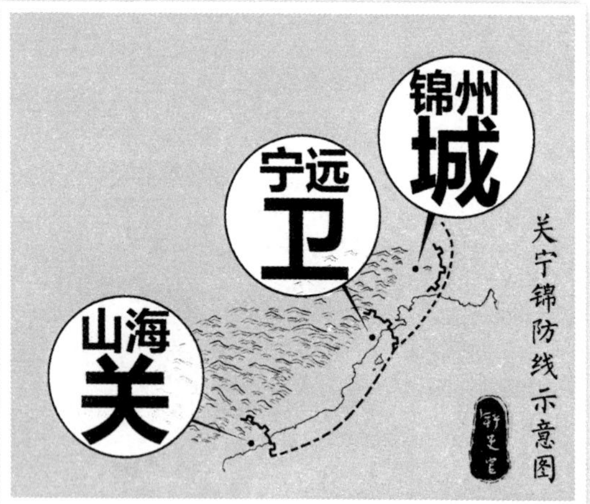

关宁锦防线示意图

于是孙承宗成了新任经略，
与袁崇焕及同僚们协力，建立起
“（山海）关—宁（远）—锦（州）”
防线。
袁崇焕力主修筑的宁远城，
更是成就了他自己。

正当局势向好之际，
孙承宗却被阉党挤走。
天启六年正月，
得知此事的努尔哈赤
率 6 万大军西渡辽河。
袁崇焕的新领导高第
没有辜负努尔哈赤的期望，
毅然决定：
逃跑！

一逃解千愁

锦州、大小凌河等城市都被弃守，
宁远成为一座士卒不足 2 万的孤城。
面对八年来几乎未尝败绩的对手，
袁崇焕
坚壁清野、整顿军纪、动员百姓，
并亲以血书激励士气。

关键的是，
袁崇焕还准备了17世纪的黑科技：
明军按照“以台护铳，
以铳护城”原则，
布置了11门澳门购进的西洋——

志骄意满的后金军兵临城下时，
全不把宁远放在眼里。
然而三天的激战后，
早已习惯刀头舔血的八旗铁骑
却被轰得如天女散花，
“号哭奔去”。
甚至有目睹此战的朝鲜译官认为，
此战间接导致了
不久后努尔哈赤的死亡。

战后袁崇焕顿时成了时代先锋，
升任辽东巡抚。
然而也正是此时，
《碧血剑》中伟岸的幕后英烈
做出了第一个富有争议的举动：
为争取时间整饬边防，
私自与后金通使议和。

天启七年，
吊打完朝鲜的皇太极
再次率军进攻“**关—宁—锦**”防线，
但结果上演了他爹宁远之战的加强版，
在宁远、锦州挨了两顿炸。

策杖只因图雪耻，横戈原不为封侯。

——袁崇焕《率性堂诗集·边中送别》

然而大捷后，
战功全归了监军太监，
袁崇焕反遭弹劾，索性辞官了。
不久天启皇帝挂了，
阉党倒台；
崇祯帝登基，
袁崇焕再次出山，
官拜兵部尚书兼右副都御史、蓟辽督师。

然而，
这次复出却成了袁崇焕的绝唱。
首先，
在崇祯元年他贸然向思宗许下了
“五年复辽”这一脱离实际的承诺。

再者，
也是争议最多的一件事，
就是崇祯二年诛杀东江镇总兵毛文龙
毛文龙在敌后的皮岛拉了一支部队，
渐成规模，不服中央管制，
却总要粮饷，甚至搞起了国际贸易，
还欺负朝鲜国王。

毛文龙，字振南。
浙江杭州府钱塘县人。
明朝末期将领，
开创了军事重镇东江镇，
在与后金的战争中颇有战功。
1629年7月24日，
在双岛被矫诏斩首。

这么个人物，
被袁崇焕借着到皮岛视察之机，
祭出尚方宝剑当众砍了。

提起五年复辽都是泪

更遗憾的是，
关宁锦防线虽然挡住了满洲铁骑，
却没能限制皇太极的想象力。
崇祯二年十月，
由蒙古喀喇沁部导航，
后金大军绕过辽西，
从蒙古草原直捣北直隶，突破长城，
兵临京师，史称
“己巳之变”。

京师告急，
心急火燎的袁崇焕星夜驰援，
却又犯一个大忌：
“外镇之兵，未奉明旨，
不得进至京师城下”，
袁崇焕兵抵广渠门，
还请求率军入城休整，
这直接触及了崇祯帝不能接受的红线。

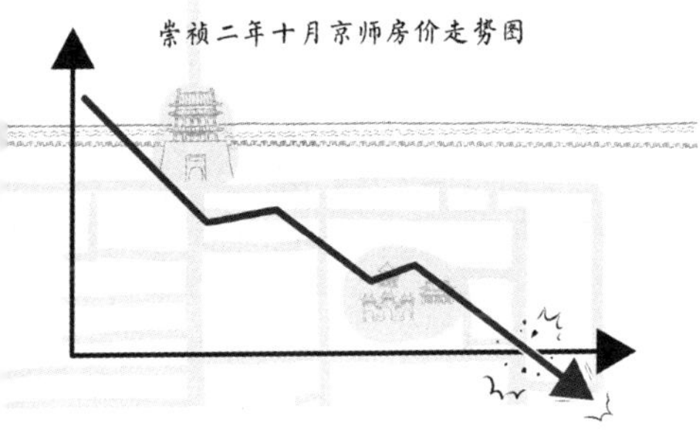

根本冷静不下来！

同时，
由于战火蹂躏了北京周边
房地产黄金地段，引来了京城百姓，
尤其是权贵对袁崇焕的怨念。
慢慢朝堂上开始出现了诽谤，
诬陷袁崇焕为了逼朝廷同后金议和，
而把女真人引到北京城下。

一些学者认为，
谣言背后有皇太极的运作。
《满文老档》记载了一次山寨版
“蒋干盗书”；
朝鲜史料也数次提及后金官员
以拙劣演技暗示同袁崇焕“有勾结”，
但日久之后很可能收到了
“三人成虎”之效。

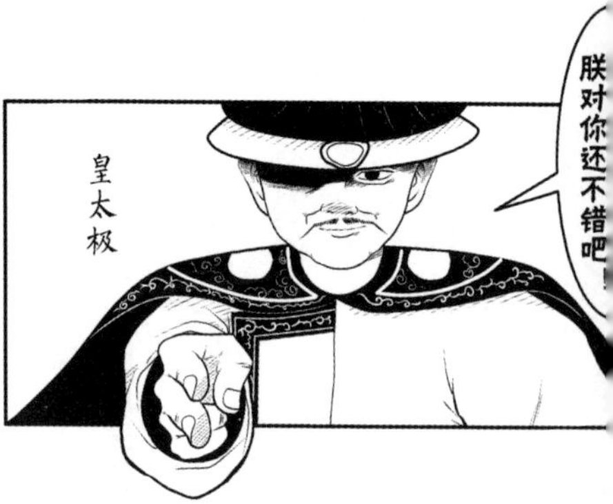

死后不愁无勇将
忠魂依旧守辽东

——袁崇焕《绝命诗》

由于曾和大学士钱龙锡谈过杀毛文龙，
再加上与后金和谈等事，
袁崇焕被扣上了
“结交内阁大学士”“欺君卖国”的罪名，
身陷囹圄。

最后，
袁崇焕被处以磔刑，
也就是千刀万剐，
兄弟、妻子被流放。
他是不是有子嗣，
一直存在争议，
在《碧血剑》中，
金庸为他虚构了一个儿子——
袁承志。

读者有话说

magic步

袁崇焕是一个优秀的战术执行者，却不是一个合格的战略制定者，在孙承宗的领导下他才可以发挥优势。袁崇焕在辽东的所作所为，都证明了如果他活着，指不定会捅出什么更大的娄子！

王亮KingBright

我是袁粉。

袁崇焕不在辽东，明军接连失利；袁崇焕守卫，后金损兵折将。这就是能力。

其他官员临阵脱逃，袁崇焕死守，这就是忠诚。

后金绕过宁远，袁崇焕千里驰援，这就是爱国。

袁崇焕不死，会轮到吴三桂？不是吴三桂，后金能那么快入关？

坚定的蜗牛

袁崇焕纵有千般不是，但其人在，将士用命，宁锦防线在；其人亡，宁锦防线不存。其重要性不言而喻。自毁长城，自折羽翼，崇祯做的事亲痛仇快。

杰

袁崇焕一错杀毛文龙，二错欺君五年复辽，三错私自带兵救驾，还要进城休整。换了哪个皇帝都会动杀他的心。

米兰的小菜农1899

崇祯作不作死？作！袁崇焕作不作死？作！崇祯的性格问题注定

了他无力回天，再碰上袁崇焕，造就了被夸大的千古冤案。袁崇焕有罪，但罪不至死，起码不应该在那个时候以那种方式被杀。五年复辽是头脑一热也是胸无韬略，议和卖粮是权宜之计也是无脑之谋，擅杀毛文龙是为国执法也是刚愎自用。袁崇焕把大炮拉到城上轰金军而不野战是最明智之举，但是他的能力范围也仅在一个宁远城。皇太极奇袭京城，袁崇焕赶到后被牵着鼻子走。总体来说，袁崇焕冤案最大的悲剧是他处在一个不适合他的位置，以及崇祯因相信他而把他推到那个位置又因疑心病杀了他。

末日狂欢

袁崇焕有天然的性格缺陷，他犯错很多，上疑之合情合理，仅矫诏斩杀一品武将一条就是实打实的死罪，并直接导致耿精忠、尚可喜降清，给清朝贡献了两个王爷，实在算不得冤。但崇祯时的那种情况杀了袁崇焕也确实如同自断一臂，加速了明朝的灭亡进程。所以，袁崇焕被杀不应该用冤不冤来讨论，斩钉截铁地说，一点都不冤；至于该不该杀，或者说对明朝而言杀袁崇焕是利大于弊还是弊大于利倒是有很大的讨论余地。

永博

个人认为，关宁锦防线是伟大的孙承宗构建的，袁崇焕是战略的忠实执行者。清史为了突出崇祯帝的昏庸，一直在强调袁的冤死。反倒是英勇抗金、全家死节的孙承宗有些籍籍无名了。

编后语

辽东军事的下坡路

历史上袁崇焕是否有子，尚存争议。按《明史》，“崇焕无子”，但《清史稿·富明阿传》则有不同说法。究竟何者为真相，还需学者分辨。

金庸先生作为“20后”，亲历阶级矛盾与外敌入侵并起的战乱时代，并于1948年移居香港。而《碧血剑》中，袁承志最终也选择避居荒岛做“化外之民”，远离了战火纷飞、明清鼎革之际的中土。

晚明乱局一发不可收拾，离不开明帝国糟糕的军政措施。在此笔者想“纸上谈兵”，聊聊明末，尤其是辽东的军事。

从万历末年，历经泰昌、天启和崇祯，辽东局势越来越差，虽然有局部战役胜利，但整体局势一直在走下坡路。

造成这种结果的很大一个原因是明末士大夫的心态。除了极少数实干者，朝中士大夫普遍不能摆正心态，正确认识崛起中的后金势力。简单说就是明朝官员压根看不起后金，不能正视后金的军事实力。

因为你是夷，我是华，所以不管输多少回，输成什么样我也要跟你打，把你彻底从地球上抹去，任何想要和后金和谈的都是卖国贼、汉奸。如果国内局势太平，兴许还禁得起这么“折腾”；国内连年大灾，赤野千里、民变四起，此时的辽东就是一个黑洞，朝廷不停地在往里面填人、填钱。那么人和钱从哪儿来呢？显然还是要从中原内地征调，增加人民的负担。

“兵者，国之大事，死生之地，存亡之道，不可不察也。”两千五百多年前的《孙子兵法》，开篇便是这么一句重要的话。而在明末士大夫的眼里，打仗仿佛变成了儿戏，没事就可以从国内敛十几万人、几百个武将出去打，全军覆没之后下回再来。总是轻启战端，却又不重视战争，不好好打仗，岂有不输的道理？

如果从制度层面来看，军政、军令都集中于文官手中，一旦这个被指定的文官不会打仗、没打过仗，结局可能就不会太好。打仗不仅仅是带一帮人到前线砍人去那么简单，其复杂程度和难度是临时指定的文官难以承担的。比如万历四十七年的萨尔浒大战，朝廷派曾经在朝鲜抗倭吃过败仗的杨镐担任总指挥，指挥四个总兵作战，导致了最终的大败。

于是，连绵不断的战火消耗着帝国的国力，辽东没填上坑，中原也成了窟窿，“民有偕亡之志”，陕地群雄并起。然而面对农民起义，明廷君臣还在犯同样的错误。我是天子，你是贼，我就是要“剿贼”，哪怕他大顺军势如破竹，哪怕我明知道南迁可以续命。一而再再而三，拘泥于“夷夏”“君臣”观念和颜面，罔顾实际情况，最终身死国灭，又去怪谁？

历数明末像孙承宗、袁崇焕、洪承畴、卢象昇和孙传庭这样少数几个很能打的文官，却是“偏差的幸存者”，而更多的则是像杨镐、袁应泰、王化贞和杨嗣昌那样不会带兵打仗的文官。外行指挥内行，让整个大明帝国最终滑向深渊。

孙承宗

能否阻止清兵入关？

从山海关到锦州，有一条沟通华北与东北的狭长道路。400年前，这里壁垒森严，将爱新觉罗家族的入主中原之梦，挡在关外二十年。

从山海关到锦州，
有一条沟通华北与东北的狭长道路：
辽西走廊。
驱车仅需 2 个多小时的通途，
400 年前，却曾壁垒森严，
将爱新觉罗家族的入主中原之梦，
挡在关外二十年。

注：山海关澄海楼，楼上二层“雄襟万里”的匾额为孙承宗所题。

壁垒的打造者是孙承宗，
北直隶高阳人，
嘉靖四十二年（1563）出生。
他出生在一个曾经中落，
但还算殷实的家庭。
16 岁时，孙承宗就中了秀才。

明长城图

后来，他的科考路却并不顺利。
但孙承宗并未因此浪费光阴，
他曾北上京师、易县等地，
受聘为官员教授子弟。
37 岁时，他从大同出发，
一路考察山川险要，直至山海关。

万历三十二年（1604），
年逾不惑的孙承宗
终于以榜眼名次高中进士，
任翰林编修。
面对怠政的万历皇帝，
和被“争国本”撕裂的朝廷，
他在翰林编修的岗位上一待就是十年。

万历四十二年（1614），
孙承宗终于升迁，进入詹事府，
负责皇太子教育。
不久，
“梃击”“红丸”“移宫”
三案接踵发生，
万历、泰昌二帝先后驾崩，
帝国在互撕和不祥中没落；
萨尔浒大败，
后金汗国崛起于白山黑水。

天启皇帝登基，
孙承宗成为日讲官，
精心为小皇帝讲解儒家经典，
竟得到这位木匠天子的青睐。

不久，
辽西重镇广宁（今辽宁北镇）失守，
孙承宗升任兵部尚书。

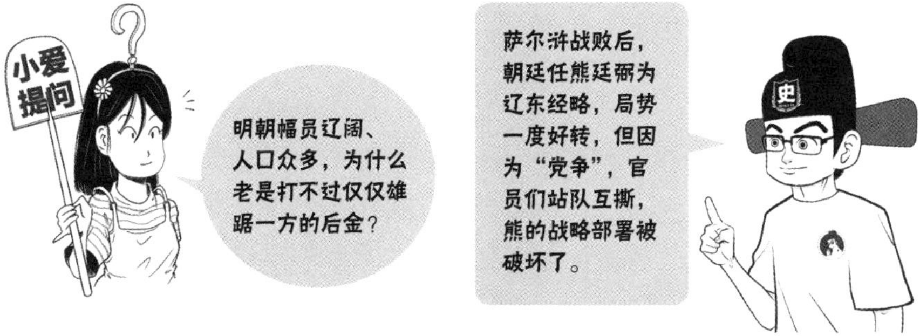

鉴于辽东防务毁于党争，孙承宗立即着手整肃法纪，力求打破“站队”之争，做到唯才是举。

为此，他甚至怒斥了曾推荐自己当兵部尚书的辽东监军御史。

掌管兵部刚百日，

前线的争吵就传到了朝廷：

辽东经略王在晋，

准备在山海关外八里铺筑重关，

却遭到了其属下袁崇焕等一帮人的反对。

孙承宗决定出关实地考察。

天启二年（1622）六月，
孙承宗抵达山海关，
并出关抵达中前所，
实地勘察后否决八里铺方案，
苦劝王在晋七天无果，只得回京。
明熹宗得知，将王在晋调走。
深思熟虑后，孙承宗自荐督师蓟辽。

孙承宗接手的，是个烂摊子。
山海关到宁远共五城，
明军仅勉强控制最近一城，
蒙古各部驰骋于残毁的城镇间。
到任第三天，他就得到噩耗：
十三山十万义民被后金击溃，
大多遭消灭。

他面对的辽东军也士气低落，
不少官兵都曾溃逃过。
为了安抚部队，孙承宗软硬兼施：
对曾逃跑的官兵，
除罪大恶极外既往不咎；
同时严明法度，核查兵员，
打击贪污军饷等行为。

三四个月后，人心渐稳，
孙承宗开始为明军“整风”“换血”。
针对官场尊文卑武的坏风气，
他改革礼节，提升武将权力地位。
他调走不思进取的老帅，
拜总兵马世龙为新任平辽将军。

他特别留意人才。
未来的蓟辽督师袁崇焕，
名将满桂、赵率教、祖大寿、何可纲，
枪炮专家孙元化、
《武备志》作者茅元仪
等一批明末风云人物，
在孙阁老的培养下成长起来。

孙承宗格外重视城防建设。
天启三年（1623）三月到六月，
明军重新在各个堡塞布防，
建立起西起山海关，
东至中左所的南北两道防线，
将辽西走廊保护了起来。

这条防线重点放在哪儿？
官员争论不休，有的说守在关内，
马世龙主张在中后所，
而袁崇焕提议宁远。
实地勘察后，
孙承宗决定重修始建于宣德年间的
宁远城，
天启四年春正式竣工。

守城离不开火器。
明军火器质量低劣，
孙承宗下令在铳炮上铸刻工匠、
官员姓名以定责。
他还继承戚继光、熊廷弼经验
组建车营。
天启四年（1624），
辽东军已是一支11万人，
车骑、水军皆备的劲旅。

军队离不开百姓支持。
孙承宗很早就提出
“以辽人守辽土，以辽土养辽人”。
整顿防务同时，他招抚辽东难民，
或编入辽军，或给予屯田，
既解决辽民生计，又获得兵员和税收。

除了正面应敌的辽西走廊，
孙承宗还布下两枚棋子：

一是敌后的辽东半岛。他寻求山东登莱水军帮助，支持毛文龙皮岛驻军，袭扰后金，并成功策反了努尔哈赤的汉人女婿刘兴祚。

二是西部的蒙古。孙承宗既防范又协作，一面将明蒙交易场所转移到军事重地外，打击敌对部落；一面又利用明军少数民族将领的姻亲关系，结好最强大的察哈尔部林丹汗。

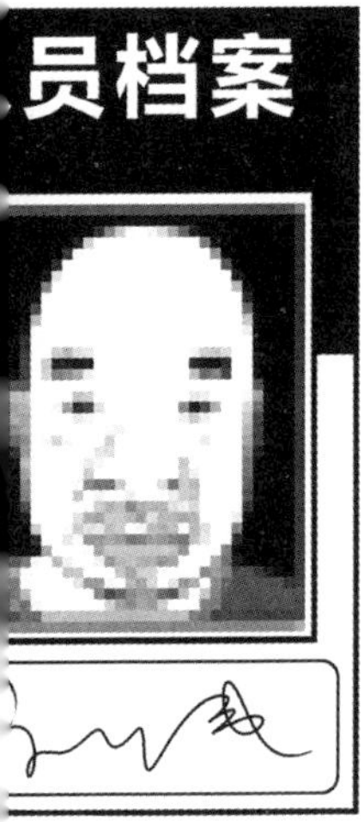

明军的防务整肃，战力提升，

让后金颇为忌惮。

孙承宗主持辽东防务的四年间，

后金始终没有大举进犯。

有学者认为，努尔哈赤从辽阳

迁都沈阳，

就是迫于明军的军事威胁。

天启四年九月，
一万两千辽东军奉孙阁老之命，
东巡广宁、深入盖州，
展示武力，战略侦察。
大军深入敌境，
数千后金骑兵与之遭遇，远望遁走；
汉人百姓带着孩子围观，指点衣冠。

《大将军掠地过广宁遂下楼船归奏方略·其二》

松山北山十三山，
镇日人从旧幅看。
一见元戎结小队，
争教稚子识衣冠。

——孙承宗

天启五年夏，
明军进驻被后金抛弃的锦州等城，
防线自宁远前推二百里，
关、宁、锦融为一体。
此时，孙承宗却得罪了魏忠贤。
九月，明军出击受挫，
阉党趁机将他挤下台。

努尔哈赤大军来袭，
新辽东经略、阉党高第竟然下令
抛弃关外所有城池，撤回山海关。
孙承宗四年来的苦心经营，
付之敌手，毁于一旦。
然而坚守宁远的袁崇焕，
却创造了奇迹。

次年，
新登汗位的皇太极挟暴揍朝鲜的余威
大举来犯，
却在袁崇焕防守的宁锦防线上再度碰壁。
孙承宗得到消息，欣喜若狂。
毕竟，袁崇焕和宁远城，都是他的心血。

天启七年（1627），
熹宗驾崩，阉党垮台。
但孙承宗并未得到新皇帝重用，
甚至因为老部下牵连阉党而遭诘责。
崇祯二年（1629）十月，
在他申辩之际，
皇太极率八旗军破蓟门，
己巳之变爆发。

明思宗急召孙承宗进京面议军情，
先让他守北京，两天后又改派到通州。
而且他和袁崇焕二人都被赋予
调动各路援军的权力，
造成明军指挥系统混乱。

之后袁崇焕获罪，
导致辽东军哗变，
孙承宗亲往山海关安抚，
并虚张声势以水师登陆辽东，
迫使皇太极撤退。
数月后，
他指挥收复了
后金最后盘踞的
遵化等华北四座城镇，
并再次督师辽东。

恢疆五载承天语，
却虏三师傍帝城。
魏绛偏和原有恨，
汾阳单骑更无兵。
东江千古英雄手，
泪洒黄龙半不平。

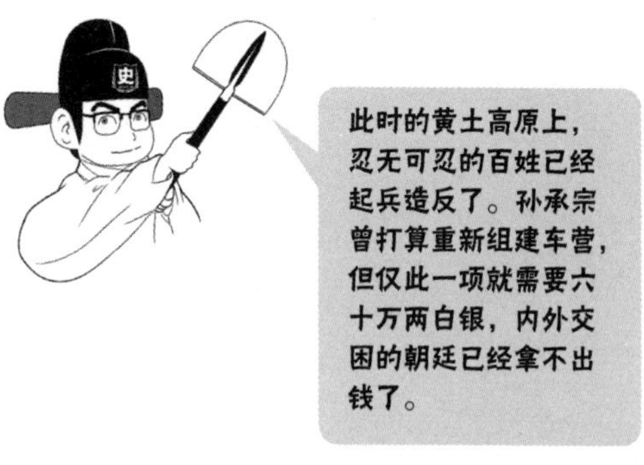

他却遇到了旧麻烦：党争。
老兵部尚书要求修筑的大凌河城即将完工，又被新尚书叫停。
孙承宗下令施工部队全部撤回，辽东巡抚又暗中违令。
结果，部队被金军包围。

孙承宗下令救援，
辽东巡抚又与他在作战方案上吵了一个月，
战机延误遭遇惨败。
言官弹劾争吵声中，
将后半生心血
付诸辽东的孙阁老辞职，
黯然返乡。

崇祯十一年（1638）十一月，
清军进攻高阳。
赋闲在家的孙承宗率全城军民守城，
城破被擒，自缢而死。
他的儿孙多战死，全家百余人遇难，
孙承宗时年76岁。

崇祯闻讯后命有关官员从优抚恤。
弘光元年（1644），
弘光帝朱由崧追赠孙承宗太师，
谥号“文忠”。
清朝乾隆年间，
撰《钦定胜朝殉节诸臣录》，
追谥孙承宗“忠定”。

读者有话说

弗拉基米尔 · 劳斯基

明不是亡于清朝，而是亡于士大夫之手。这就是宋以后文人主政的弊病啊。

知行合一

孙承宗的筑堡战略其实肥了辽东将门，拖累大明财政，短期有效而已。而被清廷捧得那么高的袁崇焕直接就祸害了辽东局势，让赵率教送死，箭射满桂，把敢和清军野战的将领全部祸害死了。特别是封锁东江镇，杀毛文龙，直接破坏了辽东局势。擅杀一品武将，破坏了规矩，从此武将看到风声不对，就直接跑了。崇祯有熹宗一半水平都不至于亡国，可惜了熹宗打下的良好基础。

巡航

彻底改变宁锦防线命运的大凌河之战，《清太宗实录》中皇太极这样评价："至红衣大炮，我国创造后，携载攻城自此始。若非用红衣大炮攻击，则于'子章台'必不易克；此台不克，则其余各台不逃不降，必且固守，则粮无由得，即欲运自沈阳，又路远不易致。今因攻克'子章台'，而周围百余台闻之，或逃或降，得以资我粮糗，士马饱腾。以是久围大凌河，克以厥功者，皆因上创造红衣大炮故也。"这里我想说的是，宁锦防线修筑的目的本就是进攻并压缩后金生存空间，大凌河败了之后，已沦为防御工事，就注定了它失败的命运。当后金火炮有能力攻破它的时候，它连防御工事都不合格，白白拖住了十多万明军，而攻破它只是时间问题。当然作用还是有的——成功为入关后的清军培养了一日千里的攻坚能力。

杨纯志

应该注意到一点，皇太极热衷于绕道是从毛文龙被杀、皮岛势力基本不存开始的。皮岛势力若在，皇太极这么个绕道法，心里想必会惦记毛文龙会不会在后方捣乱，顾忌大很多。关宁锦防线不仅仅是这条防线本身，蒙古和皮岛的牵制加上防线主体共同构成了整个防御战略。而从毛文龙被杀那天起，关宁锦的战略整体就已经松动了。

江山风雨情

阻挡清军入关是个难题。一是队友瞎折腾，本来几十万人一路碾压，后金再有力气也玩不起，偏偏文官杨镐玩什么分兵四路，结果被金军一天吃了两路，有生力量基本毁灭；二是辽东失陷后，军服、官服、凭证大多落入后金之手，后金利用汉奸、降将或带路党骗城，几乎一骗一个准；三是孔、耿、尚三位“忠臣”，将明军的战术、火器全教给人，阻止得了才怪；四是卫所制度糜烂，很多卫所根本不满员，别说孙承宗，就是洪武再世、成祖重生也得气到再死一回；五是朝中队友掣肘，边关千里烽火，他们却只视作疥癣之疾，不许开边衅，还不说这些人贪了多少军饷。这一切，并不是一个孙承宗可以解决的。

刘方慧

孙承宗的战略就是防守反击，面对当时最精锐的野战骑兵，我觉得这是最好的战略战术。有朋友说皇太极围点打援的问题，但是山东水师与毛文龙还在，可以围魏救赵或者沿海送给养；考虑到蒙古各部和朝鲜的问题，战略威慑一定要存在，不然这些势力很有可能倒向后金。宣大蓟辽四个点位守住，后金也就是个渔猎部落，加上关宁锦防线不断压缩后金生存空间，后金迟早要完，但是没钱了就尴尬了。

编后语

孙、王防务方案孰优孰劣？

《明史·孙承宗传》这样评价孙承宗主政辽东："夫攻不足者守有余，度彼之才，恢复固未易言，令专任之，犹足以慎固封守；而廷论纷呶，亟行翦除。盖天眷有德，气运将更，有莫之为而为者夫。"大意是说，以孙承宗的才能，未必能轻易收复失地，但足以固守疆土；可惜被朝堂之争拖了后腿。清廷算是官方肯定这位老对手了。

近年来，一些网友却觉得，清廷的评价拔高了他，孙承宗的"关宁锦防线"并不优秀，比不上其论敌王在晋的方案。

真的如此吗？我们来梳理一下当时的形势，和孙、王两人的防务方案。

明天启二年（1622）正月，广宁卫（今辽宁省北镇市）失守，周边堡塞相继落入后金之手，从此，明金战线从辽河东岸推进到辽西走廊。但是，金军并没有乘势继续西进，也没有固守这些城池，短暂逗留后即焚毁广宁城，撤回辽阳；而溃败的明军，则大量拥入山海关。从广宁到中前所（今辽宁省绥中县）的狭长地带，成了明金双方间的势力真空，很快被蒙古各部落所填补。

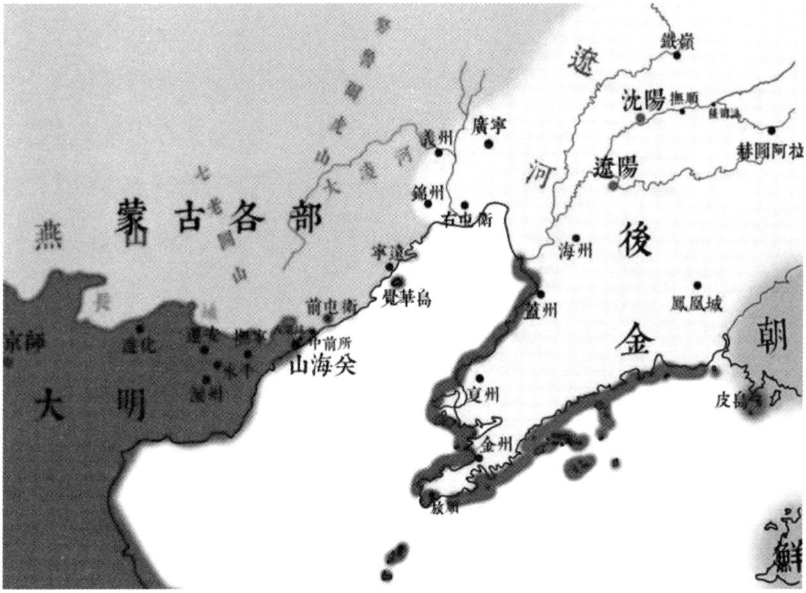

广宁失守后辽东局势

辽东经略王在晋这样评价当时的惨状："弃全辽而无局，退缩山海，再无可退。"

面对这残局，他给出的方案是："拒奴抚虏，堵塞守关。"即：

1. 将辽西走廊的土地交给蒙古部落，支付白银"犒赏"他们，由蒙古人阻挡女真人；

2. 明军收缩到山海关—中前所这 15 公里范围内，在八里铺修筑重关，强化山海关防御，防止后金进入华北；

3. 支持毛文龙等海上力量，袭扰后金。

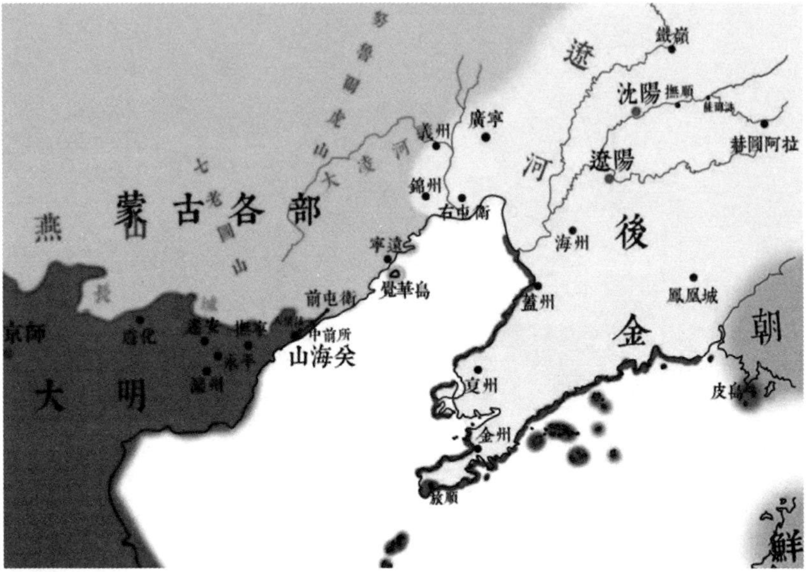

王在晋方案

而兵部尚书孙承宗的方案，则是：

1. 在山海关外，沿着辽西走廊，构筑起绵延 200 公里的堡塞体系，即“山海关—宁远防线”（后被延伸到锦州），以重新控制辽西，阻挡后金；

2. 安抚蒙古部落，作为牵制女真的力量；

3. 支持毛文龙、登莱水师和朝鲜等从海上袭扰后金。

二人争议的焦点，围绕狭长的辽西走廊展开。

孙、王激烈争执，均无法说服对方。最终，孙承宗接替王在晋，孙的构想得到实施，并经历了实战考验。他主持防务的四年内，努尔哈赤没有在辽西方向发动任何大规模的攻势。他卸任后，宁远之战、宁锦之战爆发，在孙承宗主持构建的关宁锦防线面前，女真铁骑撞得头破血流。

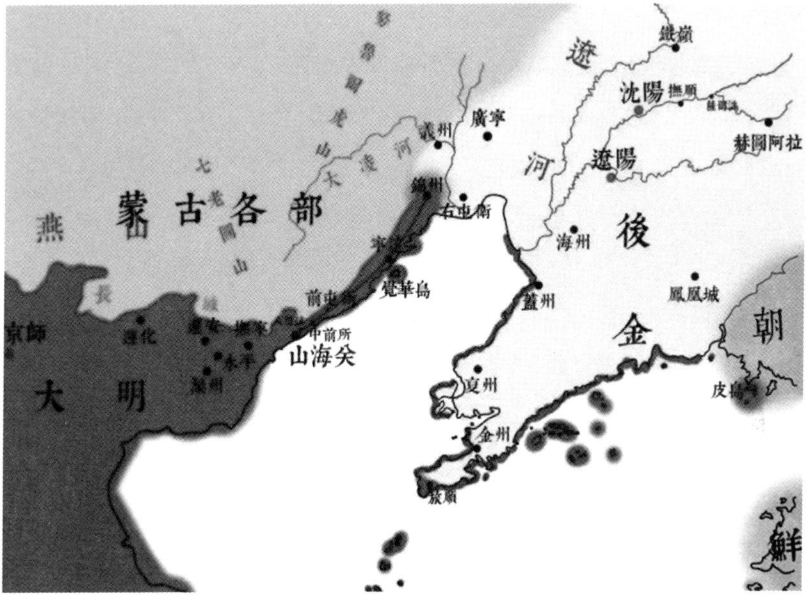

孙承宗方案

王在晋的计划没有落实，我们将二人的方略从军事、经济角度，继续对比分析。

一、巩固山海关—八里铺城池，会比构筑关宁锦防线更坚固吗？

从军事防御的角度看，放弃长达 200 公里的辽西走廊，仅仅保留距山海关 15 公里以内的中前所、八里铺，明朝能掌握的防御纵深会大打折扣，呈现“天下安危系于一垣”的局面。

加高加固的山海关固然坚实，但明军能否确保山海关万无一失呢？一旦关门失守，就意味着后金将便利地进出华北。

那么，按王在晋的另一项策略，依靠蒙古防卫辽西走廊，能否弥补战略纵深的不足呢？

蒙古部族与后金之间确实有矛盾，尤其是最强大的察哈尔部林丹汗，他是名义上的北元大汗、努尔哈赤的主要对手。因此，无论王在晋还是孙承宗，都着意笼络这位成吉思汗的子孙。

但是首先，林丹汗并不是活雷锋，他可以分散后金的力量，却不会为大明牺牲自己。天启二年，林丹汗曾向辽东巡抚王化贞夸口将率众四十万协防广宁，王化贞信以为真，这位可汗却放了鸽子。

再者，历史证明，凭察哈尔等部自身，无法阻挡后金。入据辽西走廊内的蒙古部落，除察哈尔之外，还有喀喇沁部和内喀尔喀五部。他们与察哈尔矛盾重重，在察、明、金之间摇摆。明天启七年、崇祯元年，由于遭林丹汗压迫，内喀尔喀、喀喇沁等部相继与后金结盟；陷入孤立的林丹汗黯然率众西迁。留在辽西的蒙古人不但没能成为明帝国的藩篱，反而成了女真人的兵源。

二、维持关宁锦防线，是否拖垮了明帝国的经济？王在晋的计划是否更经济？

明金（清）战争的巨额军费，以辽饷形式，转嫁为农民的经济负担，是诱发陕西农民大起义的重要因素之一。这场起义，最终焚毁了明王朝。

而修建关宁锦防线，确实"耗工甚繁，耗资亦巨"。孙承宗主政四年，"修复大城九座、堡垒四十五、练兵十一万"，成绩背后是巨额帝国财政。

那么，建立关宁锦防线，是辽饷负担沉重的主要原因吗？

笔者没有找到这条防线的具体开支，且用几份辽饷总支出数据加以分析。

辽饷开征于万历四十六年（1618），起征额度 200 万两；经过两次加派，到万历四十八年三月，征收额上调到 520 万两，此后长期作为定额。

天启二年（1622）九月，孙承宗就任，防线开工。次年，辽饷严重超支，缺口达 160 万两以上。但到孙卸任的天启五年，历年总缺口已缩小到 92 万两。

之后的崇祯元年（1628），支出已下降为513.5万两；二年，户部预算案为约516.1万两。

我们看到，520万两的征收额度，是万历时期制定的；天启年间，关宁锦防线动工时，的确加剧了经济负担，但整体尚在可承受范围内。

对此，中国台湾学者林美玲评价："崇祯四年以前辽饷的征收虽也有极大的拖欠额，但总在近年内补交，所以实际收入的情况不算差。"

那么，崇祯四年以后是怎么回事呢？原因是"己巳之变"的爆发。崇祯二年十月至崇祯三年五月，皇太极亲率八旗军，突破长城大安口（今河北省遵化县境内），纵横掳掠，攻克遵化、永平、固安、香河等三十余城，战争破坏巨大。次年，明廷再次加派辽饷，征收额被提高到685万两，而当年实际支出竟高达718.1万两。同时，陕西农民起义之火也越烧越旺，帝国财政从此走向崩溃。

因此，崇祯四年，孙承宗第二次主政辽东时，崇祯否决了他重建车营的预算案。此时，关宁锦防线和整个辽东战场，都已是帝国不能承受之重。

那么，实现王在晋的政策，能否让帝国财政减负？

放弃辽西走廊，或许能减少军事工程上的开支，但如前所述，会增加后金攻击华北的风险。一旦成真，京师及冀东平原的农业区将被置于战火中，辽饷的开支恐怕会更大。

另外，抛弃辽西走廊的可耕地，会增强后金的经济力量，而让明朝背上难民包袱。

女真人虽然是渔猎民族，"英明汗"努尔哈赤却清楚农业的伟力。后金从天命六年（1621）就开始推行"计丁授田"，皇太极更直接在辽西走廊东端屯田。若拱手让出辽西，肥沃的土地会转化为八旗军的战斗力。

广宁溃败后，约30万辽东父老无家可归、无地可耕，需要安置。后来深刻影响明清战局的“吴桥兵变”，起因之一就是辽东难民与山东人的土地争端。孙承宗“以辽土养辽人”，“拓地四百里，开屯五千顷，岁入十五万石”，收入不多，却减少了安置难民的困扰，还可同后金争夺农业人口与土地。

王在晋同样有招抚难民“收之边内，复业归耕”的设想。但将大批难民安置在“纵八里、横十七里之边内”，压力恐怕有点巨大。明清史学者孟森先生甚至嘲讽：“八里之地，亦受耕农，又堪畜牧，隐然一国。”

三、关宁锦防线，是否是绕过去就失效的“马奇诺防线”？

对于“关宁锦防线”还有一种争议，就是其战略价值。

宁远之战、宁锦之战的失败，让皇太极意识到关宁锦防线无法突破，于是转而绕道蒙古高原，从蓟镇、大同一带突破长城、掳掠中原，也就是“己巳之变”等六次军事行动。因此有人认为，关宁锦防线并不能阻止八旗铁骑纵马中原，犹如“二战”时葬送法国的“马奇诺防线”般无用。而王在晋的策略，节省经费，可以用于加固长城沿线的防御。

辽西走廊，是东北、华北两大平原间最近的通道。如果仅有山海关防守，八旗军更有可能集中力量尝试突破它，而非绕道蒙古高原进攻长城。实际上，皇太极一直对突破辽西走廊梦寐以求。

“己巳之变”中，皇太极亲自率兵，试图从关内的抚宁打通山海关，被明辽东军祖大寿部挫败。清崇德三年（1638）、四年（1639）戊寅之役时，多尔衮率军进出长城，皇太极则趁辽东明军回援关内之机，两度御驾亲征攻击关宁锦防线，却两度碰壁。

他为何如此痴心不改？六次突破长城，八旗军攻城拔寨，看似无敌，实际却始终无法在中原立足。己巳之变末期，后金曾试图固守冀东平原的永平、遵化、滦州、迁安四座重镇，作为留在关内的钉子，却被孙承宗率明军一一拔除。后金君臣感叹“关门阻隔，首尾难顾，得其城而不能保”；而“关门未开，盖以关外之八城未得耳”。

不过，皇太极的努力也没有白费。六入中原，未据一城；久攻辽西，不得入塞，却极大地损耗了明帝国国力，加剧了农民的饥饿与反抗、官僚的攻讦和争吵。其间，李自成揭竿而起，袁崇焕被千刀万剐，孙承宗黯然辞官，大明皇朝更加虚弱、腐朽。

终于，清崇德五年（1640），皇太极接受汉臣张存仁的建议，再次进攻锦州，旷日持久的松锦会战由此拉开序幕。蒸蒸日上的大清八旗铁骑，伴着炮火，驰骋冲锋在辽西走廊，疯狂撕咬大明帝国。两年的血雨腥风之后，孙承宗和无数大明将士呕心沥血构筑的铁壁雄关，终于崩坏了。

而早在松锦大溃败之前两年，戊寅之变中，这位一生矢志中兴国家的老疆臣，就已率全家儿孙，在保卫家乡高阳的战斗中，阖家殉难于清军的刀锋之下。

松锦之战结束后两年，山海关澄海楼上，孙承宗手书的“雄襟万里”匾额，默默注视着他一手培养的辽东军，在那个叫吴三桂的宁远总兵命令下，打开了山海关的大门。

孙传庭

欲挽大厦之将倾

一个是刚愎之君，一个是强项之人，中间夹杂着杨嗣昌等人的撺掇，两人在奏疏与圣旨之间来回交锋。

似乎每当一个王朝走向末路的时候，
都会出现一个想挽大厦于将倾
却无力回天的悲情人物。
如果说南宋末年的那个人是文天祥，
元末是王保保，
那么明末则是孙传庭。

末世悲情三人组

明神宗万历二十一年（1593），
在代州（今山西省忻州市代县）
的一个书香门第，
孙传庭来到了这个世上。

年少时的孙传庭
大概过着锦衣玉食的日子，
《明史》说他“仪表颀硕，
沈毅多筹略”，
帅、聪明、官二代，
这样的人往往很孤傲。

万历四十七年（1619）初，
努尔哈赤在萨尔浒大败四路明军，
京师震动。
26 岁的孙传庭来京参加春闱（会试），
他一定听到了这个消息。

传庭眉头一皱，
发现肉已煮烂。

查阅《明代进士题名碑》，
这次春闱的结果，
孙传庭是第 111 名。
排在他前面的那个人（110 名），
大家一定很熟悉，
因为那人的名字叫——

考中进士后自然要授官，
吏部把孙传庭打发到了河南
永城做知县。
永城当时正在闹白莲教，
孙传庭牛刀小试，
平定了辖区内的教乱。

因平定白莲教有功，
孙传庭被调到吏部担任验封主事
（正六品），
不久又升任稽勋郎中
（正五品，给官员发工资）。
这个时候，万历已死，
在位的是天启。

但孙传庭决定辞官回家，
天启三年左右党争太激烈了。
《大明督师七省兵部尚书
白谷孙公冯淑人同葬墓志铭》
记载了这个细节：

奉养寡母稚儿，只是表面原因。
真正的原因，用他自己的话来说，
“余才原僻傲”[1]。
孤傲的孙传庭不屑于结党，
辞职返乡，一待就是十二年。

注①：详见孙传庭的五言律诗
《庞云涛孝廉至留酌衙斋用韵》。

崇祯八年（1635）正月十五，
农民军攻陷了明太祖朱元璋老家凤阳，
把崇祯的祖坟给烧了。
是年，孙传庭决定赴京归职吏部，
当时他的一个门生劝他：

世界上只有一种真正的英雄主义，
就是认清了生活的真相，
还仍然敢面对它。
——二狗子

崇祯八年秋，孙传庭归职吏部，
任验封郎中（正五品），
很快又越级升任顺天府丞
（北京副市长）。
次年初，
陕西的士绅要求朝廷换巡抚⑦，
吏部举荐了孙传庭。

注⑦：巡抚，从二品。
节制布政使司（政务）、按察使司（司法）、
都指挥使司（军队）三司，
掌握着地方军政大权。

陕西为明代九边之一，民穷地瘠，
巡抚一职向来被朝中官员视为畏途。
在崇祯九年（1636），
这活儿更是没人愿意干，
看看下表就知道为什么。

	灾荒	后果
元年	全省荒旱，野无青草	民相聚为盗，兵劫州库
二年	一年无雨，草木枯焦	饿死者无算
三年	连岁旱荒	飞蝗蔽天，父子相食
四年	土瘠民穷，连岁荒旱	斗米五钱，死亡枕藉
五年	陕北春旱	千里不炊，几成旷土
六年	米脂大旱，西安、凤翔旱	斗米千钱，人相食
七年	富平旱，秦州属县大旱	兵变杀巡抚都御史
八年	靖边大旱，赤地千里	民死者十之八九，人相食

这样的结果，是百姓揭竿而起。
在起事的饥民中，
有一个叫高迎祥的人脱颖而出，
后来他有了一个绰号叫“闯王”。

崇祯九年初，
闯王高迎祥在安徽滁州被猛人
卢象昇给打蒙了，
钻进郧阳（今湖北十堰）山区，
这个地方是
湖北、河南、陕西、四川
四省交界处。

卢象昇想剩勇追穷寇，
就在这时，
皇太极在沈阳称帝了（国号大清），
还顺带跑到了宣府、大同，
打劫北京的周边地区，
吓得崇祯赶紧召卢象昇护驾。

崇祯这种拆东墙补西墙的行为，
让高迎祥缓了口气。
就在卢象昇进京的时候，
孙传庭离京了，赴陕西上任。
临走前，
崇祯只给了他 6 万两银子。

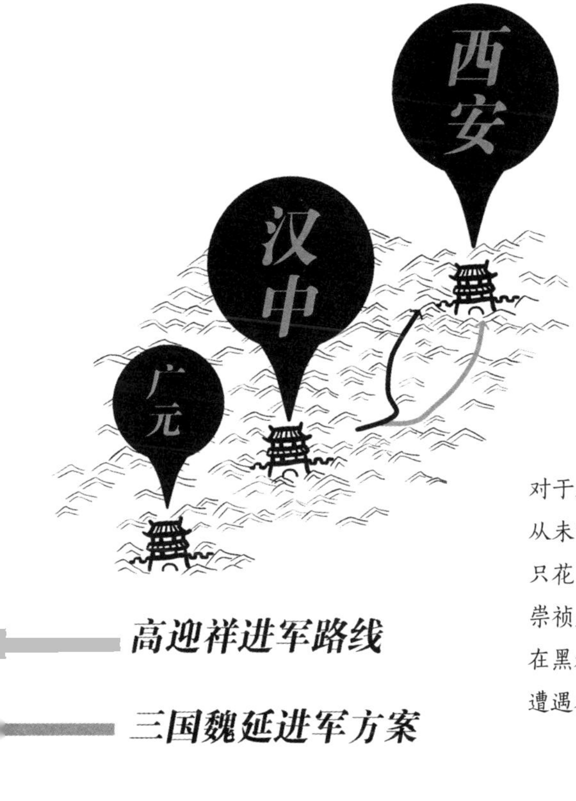

对于这个几乎不可能完成的任务，
从未带过兵的孙传庭
只花了四个月就完成了。
崇祯九年七月，高迎祥挥师直驱西安，
在黑水峪（今属西安周至县）
遭遇秦军……

有两把刷子

从汉中翻越秦岭进攻西安，
这是三国时魏延的子午谷奇谋。
高迎祥差不多是替魏延实践了，
结果悲剧了，
因为他的对手叫孙传庭。
大战四天后，这位闯王被俘。

平定高迎祥后，
孙传庭将陕西境内的大小农民军
各个击破。
值得一说的是“蝎子块”拓养坤，
他被孙传庭安插的卧底给杀死。
当时各股义军中，高迎祥实力最强，
兵员最多的则是拓养坤。

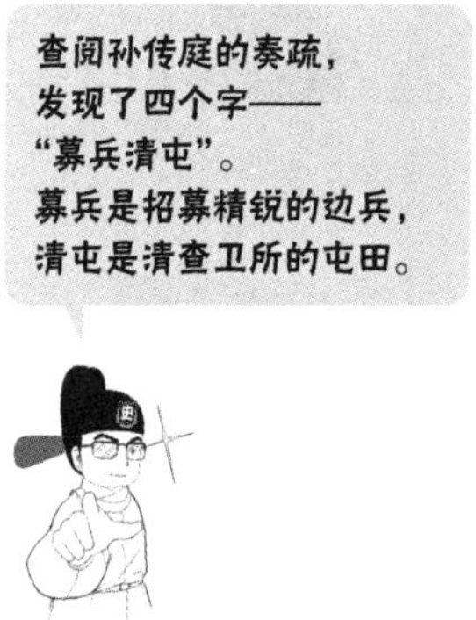

明朝的兵制是寓兵于农。
简单点说，划一块地，
这块地叫卫所（军区）。
卫所有很多田，每个士兵种田 50 亩，
收粮后 12 石自己用，
剩下就是战备粮和军饷了。

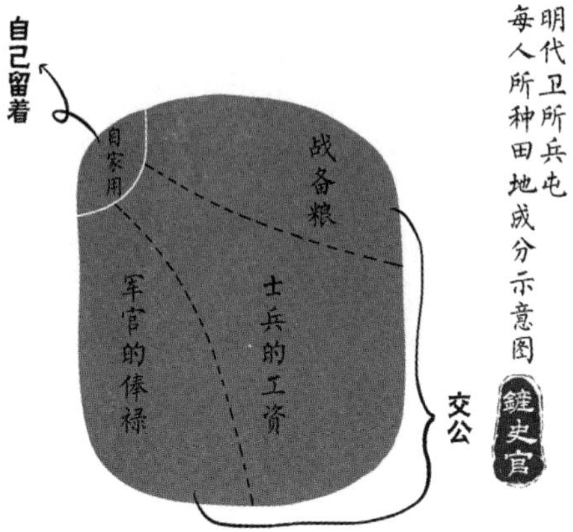

这套兵制明初很强大，
因为不用政府发工资。
但明末贪腐严重，
卫所的很多地被豪强给占掉了，
士兵没地种，
平时连饭都吃不饱。

孙传庭到陕西后，
发布了《清屯示》，
给豪强劣绅画下红线，
勒令他们交出侵占的屯田，
若继续百般阻扰，
一律枭首示众。

这就是孙传庭平乱有方的秘密。
正当他治秦大见成效的时候，
他遇到了命中的克星——杨嗣昌。
崇祯十年，杨嗣昌受命为兵部尚书，
主剿农民军，他提出了两大战略：
1. 攘外必先安内。
2.“四正六隅”的围剿计划。

简单点说，
就是以陕西、河南、湖广、凤阳
为四个正军区，
延绥、山东、山西、应天、江西、四川
为六个副军区，
合起来就是“十面布网”。

四正：陕西、河南、湖广、凤阳，四地巡抚以剿杀为主，防守为辅。

六隅：延绥、山东、山西、应天、江西、四川，六地巡抚以防守堵截为主，必要时协同剿杀。

传庭眉头一皱，
发现bug并不简单。

这个“良策”，
大家看起来是不是有点眼熟？
没错，300年后一位校长也用过。
在崇祯看起来很完美的方案，
孙传庭一眼就看出了破绽。

杨嗣昌的方案需要大笔钱，
要钱就要增税，
增税最终是增到贫苦的佃农身上，
结果将会是“流寇”越剿越多。
孙传庭忍不住写了封
《疆事十可商疏》——

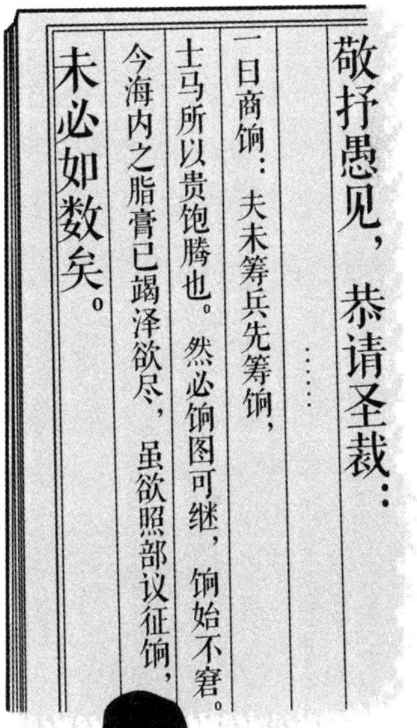

杨嗣昌这个人很有心计，
见孙传庭上疏反对自己，
就先让孙传庭筹23万。
孙传庭根本不理他，
他就向崇祯哭诉，
说兵部的军令在陕西行不通。

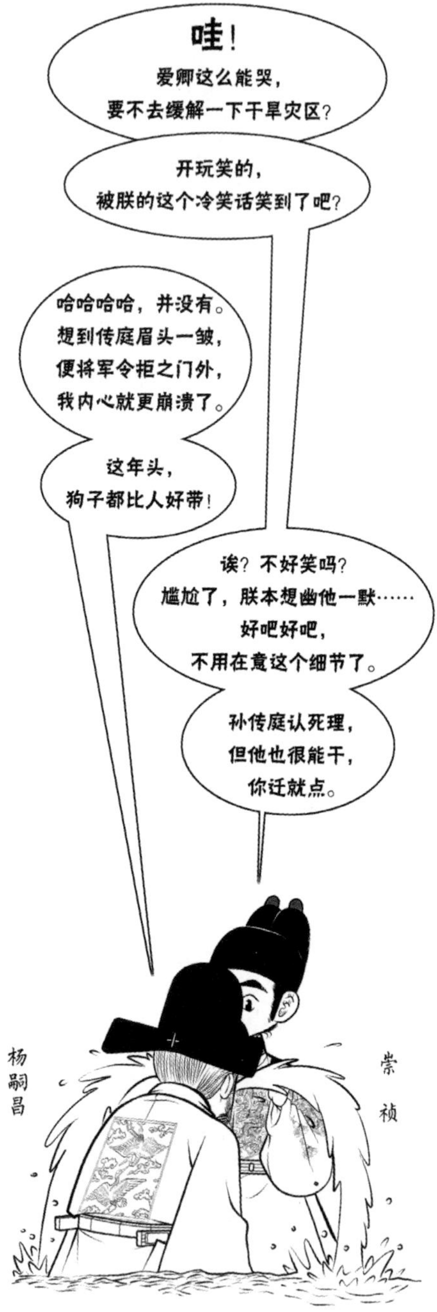

委屈巴巴

崇祯十一年初，
孙传庭在河南灵宝县西北
大败农民军十三家兵马，
正当他提师欲灭张献忠时，
杨嗣昌手书至，
说张献忠已经投降了。

摸不着头脑

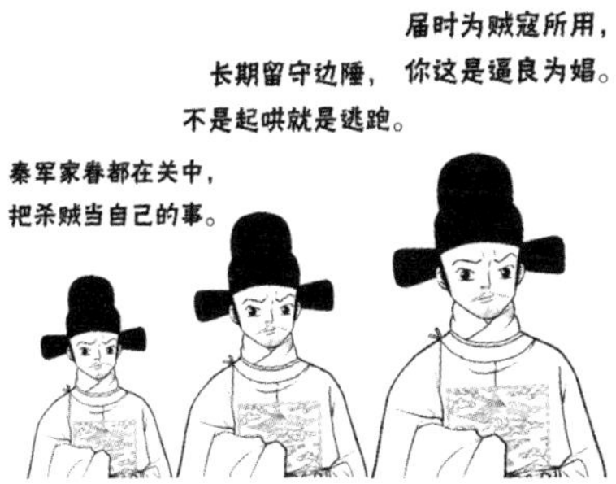

孙传庭三连

该年十月，多尔衮率三路大军入侵，
卢象昇战死沙场。
崇祯召孙传庭进京护驾。
孙传庭进京后，崇祯被杨嗣昌挑拨，
不允许他朝见，
还把孙传庭的秦兵调去守蓟辽。

杨嗣昌三连

孙传庭愤慨不已，
心中不胜郁郁，
耳朵都被气聋了。
杨嗣昌又弹劾他，
说他假装生病，
崇祯一怒之下罢免了孙传庭，
并将其下狱。

孙传庭在狱中一关就是三年。
这三年里，张献忠吓死了杨嗣昌，
李自成吃掉了老福王。
风雨飘摇之际，
崇祯终于想起了孙传庭，
把他从牢狱放出来，
任命为陕西总督。

老歪脖子树警告

可惜崇祯等不及了，不断催战。
孙传庭只能带着新募的士兵出征，
在河南郏县，初战大败李自成。

农民军虽初战失利，但毕竟人多势众，
在官军哄抢战利品之际，
杀了个回马枪，官军抵挡不住，
孙传庭收拾残兵退回陕西。
该战史称
“柿园之役”。

半年后，崇祯升孙传庭为兵部尚书，
赐尚方宝剑，更加紧急地催他开战。
而时疫流行，粮草不足，
缺少兵员弹药，
孙传庭不愿再面对指责，
凄然出潼关，入河南。

我曾听人说，
这世上有一种鸟
是没有脚的，
它只能一直飞，
这辈子只能下地一次，
那就是它死亡的时候。

进入河南后，孙传庭一路势如破竹，
打得李自成部一度想投降。
崇祯十六年十月初，
打到河南郏县时，弹尽粮绝，
与李自成决战，
兵败身死，时年51岁。

传庭死，而明亡矣！

孙传庭死后，
明朝的“最后一副家当”没了。
崇祯却认为孙传庭诈死潜逃，
没有给予赠荫。
半年后，
李自成兵不血刃，攻下北京城，
崇祯自挂煤山。

读者有话说

沉睡的茨威格

希望怀念袁崇焕、孙传庭、李定国们的人越来越多，为魏忠贤、毛文龙们翻案的越来越少。当你们为了标新立异洗个不停的时候，伤害的是华夏的脊梁和民族的英魂！

许培培

孙传庭死得挺惨，据说尸首都没找到。大明到最后能用的文臣武将真的不少，关键是顶层设计者水平太差（崇祯和内阁），最终导致了退市。

大头

有崇祯这样的皇帝，何愁大明不亡，就算是给他常遇春和徐达也不管用。

江山风雨情

简单的人相食三个字，那背后的恐怖，没有经历过的人是不会知道的。即便想象，也想象不出那种惨景。既然死路一条，高迎祥、李自成等人怎么可能不反？左右是个死，反了还可能活！内部已经如此，外部又有后金添麻烦。卢象昇、孙传庭、孙承宗等人再有本事，也是独木难支。再加上杨嗣昌等正事不干、屁事一堆的队友，急功近利瞎折腾的崇祯帝，还有早已糜烂的军户制，此时哪怕把蓝玉和常遇春将军召回人世，也改变不了什么！只能说孙传庭大人生不逢时。

火山＊晴朗

这期写得真好，明末乱象和亡国原因都点出来了！就是头痛医头，脚痛医脚。农民起义多就用更多的兵去剿，更多的兵就需要更多的钱，需要更多的钱就征更多的税，更多的税就导致更多的农民起义，结果就是农民起义越剿越多，国家越剿越穷，越剿越乱。孙传庭开始之所以无兵无饷却能成功，就是因为他看到了农民起义的根本原因，并且从根源上解决了农民的土地问题和生存问题。这些问题解决了，农民自然不会造反，农民起义自然易平定。明亡的根本原因就是腐烂透了，皇族、官僚、地主这些既得利益集团都不愿让出一点利益，给农民一点生路，给国家一点生机，最后也把自己逼到死路，一起玩完。

10wp

封建王朝中基层豪强的势力不容小觑，历史上很多兴衰成败都有他们的影响。到了明末，这些豪强似乎已经形成了一个庞大的官外势力，可以利用体制内代理人来实现各种利益诉求。崇祯只盯着那些大臣，却不知他们背后的庞大势力，导致政令根本达不到基层，甚至在州府这一层也很难落实。孙传庭作为陕西一把手都要和这些人进行艰苦的博弈，最后甚至败在这些人手里，更不用说其他地方官根本惹不起他们。怎么抑制这些人从而保护平民利益才是明朝赈灾剿匪的核心任务，否则再多的钱物投进去也是白搭。

编后语

走进一个久远的魂灵

走进一个历史人物最好的方式，是去读他的著述。夜深人静之际，打开《孙忠靖公遗集》，逐一辨认那些竖排的没有标点的繁体字，伴随着小野丽莎的《大明劫》，这些枯燥的文字似乎跳动起来，渐渐汇聚成了一个三百年前的魂灵。

这个久远的魂灵，用一种平缓的语气诵读他的疏牍。从他那些官样的文章中，我却听出了一种倨傲。他固执己见，即使面临着天子的严词斥责，也并不为“少挠”（屈服）。一个是刚愎之君，一个是强项之人，中间夹杂着杨嗣昌等人的撺掇，两人在奏疏与圣旨之间来回交锋。

听他读到军檄，我能感受到他的杀伐决断。这是一种成大事的品质，一将功成万骨枯。而当他吟诵他那些诗文的时候，又感觉他不像是一个嗜杀之人。“苍生满眼尽堪怜”，他有他的慈悲。甚至，他的骨子里有一种莫名的悲凉，诗中尽是一些清冷的意象，“秋风、夜雨、残月、疏星、暝色、霜华……”

我能理解他的苦。他所忠的那个王朝已经病入膏肓，“饿殍载道，父子相食”，这样的天下还能澄清吗？只是有些事，明知做不到还要去做。

听到《省罪录》的时候，我为他的死感到一丝庆幸。他的性格，注定了他结局的不堪。死于疆场的刀光，总比死于人心的魑魅要好。一个男人，死于另一个男人的刀下，这种死法很残酷，也很干净。

皇太极

没有他，清朝能否入主中原？

君主专制、善待汉人、重用汉官、吸纳蒙古……皇太极这些改革，史称“天聪新政”。

后金天命十一年
（1626，明天启六年），
努尔哈赤逝世，
他的第八子皇太极被推举为新汗，
年号“天聪”。
皇太极时年35岁，
在努尔哈赤诸子中
战功显赫、威望崇高。

清·太宗·皇太极

一、改革国政

努尔哈赤晚年创造了
八旗旗主共议国政的体制，
相当于把后金分成了八个小国，
旗主们有权废黜大汗，
其中的三大贝勒更是位高权重，
与皇太极平起平坐。

WOW!
面合影打卡！

改革前：

皇太极和七家旗主贝勒『圆桌会议』共议国政。

改革后：

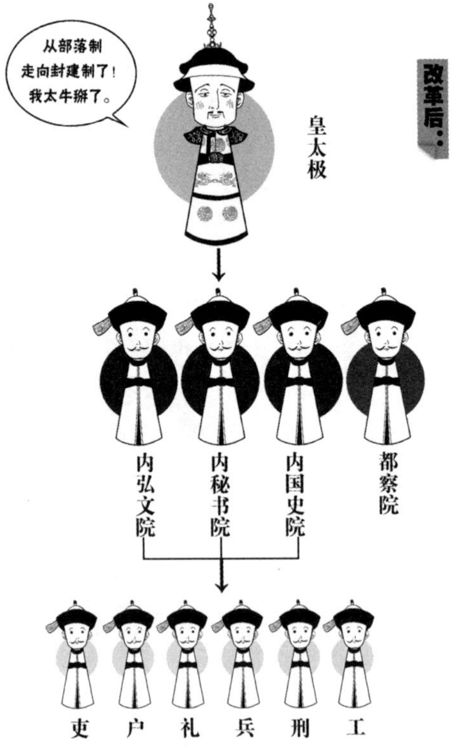

为了巩固权力，
皇太极在每旗设立旗务大臣，
分散旗主权力；
又仿照明制设立内三院、六部，
削去三大贝勒每月轮值的权力；
并制定法律，严惩违法的权贵。

刚即位时，
皇太极的权力仅相当于一旗之主，
随着汗权不断加强，
三大贝勒先后遭贬，
原先四人并坐仪式改为皇太极南面独坐，
从而使后金政体重回君主专制。

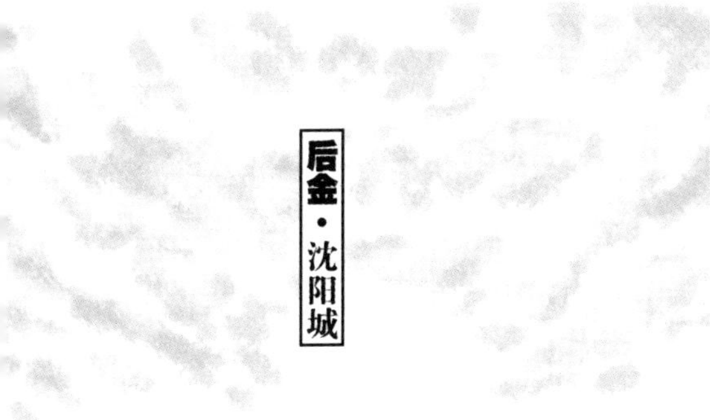

努尔哈赤征服辽东后，
实行民族压迫政策，
导致汉人大量逃亡，
激起汉人全民反抗，
造成后金社会动荡、经济凋敝。
皇太极上位后，
采取各种措施改善汉人待遇。

皇太极还规定战时不杀、不辱降民，
一律给予安置，
分配土地、房屋，还配以妻室。
新政颁布后，
汉人逃亡的形势得到扭转，
民族矛盾得以缓和，经济得以恢复。

努尔哈赤时期，
汉人官吏经常受到
女真贵族的
歧视和凌辱。
皇太极上台后，
优礼、重用汉官。
对于归降的汉官，
不论职务高低，
一概恩养。

同时，皇太极还极力笼络蒙古各部，
设立理藩院来处理蒙古事务，
并吸纳蒙古官员参政，
使后金转变为满蒙汉联合政权。
皇太极这些改革，
史称“天聪新政”。

二、制服朝鲜

李氏朝鲜一直是明朝的忠实藩属，
被努尔哈赤列为敌国。
朝鲜不仅把逃入境内的辽东汉人
送还明朝，
而且允许明军毛文龙部驻扎在
境内的皮岛，
还为其供应军饷。

天聪元年（1627，天启七年）正月，
皇太极派兵三万征朝，
半个月内攻占了大半个朝鲜。
朝鲜国王李倧逃到江华岛，
被迫签订城下之盟，
双方结为兄弟之国。

但是武力并没有使朝鲜真正屈服，
朝鲜依然心系明朝。
天聪十年（1636，崇祯九年），
皇太极准备称帝，要求朝鲜“劝进”，
结果朝鲜举国哗然，拒不接受。

皇太极起兵10万亲征朝鲜，
12天内抵达汉城，
李倧出走南汉山城。
不久，
清军攻陷汉城、江华岛，
李倧投降。
朝鲜被迫与明朝断交，
正式成为清朝的藩属。

1637年正月三十日，皇太极在土坛上举行受降仪式，朝鲜仁祖李倧脱去王服，改穿青衣，向皇太极行三跪九叩之礼。同时，朝鲜去除明朝的年号，缴纳明朝所赐诰命敕印，奉清朝正朔，正式成为清朝藩属国。

而朝鲜朝廷中主战最坚决的洪翼汉、尹集、吴达济三人被清军索要，在沈阳就义。

三、平定蒙古

当时的蒙古分为漠南蒙古、漠北蒙古、漠西蒙古三大部，
大致分别位于今天的内蒙古、蒙古国和新疆。
漠南蒙古中，
科尔沁部很早就与后金联姻结盟。

察哈尔部的林丹汗称雄漠南，
力图统一蒙古。
然而他对被征服的各部
实行残暴统治；
加上他皈依红教，
导致普遍信仰黄教的蒙古各部
离心离德，
向后金寻求保护。

【注】红教和黄教都是藏传佛教的派别，后来清朝为了笼络蒙古、西藏，崇信黄教。

后金先后与蒙古各部结盟，
以孤立林丹汗。
天聪二年（1628）、
天聪六年（1632），
皇太极两次以盟主身份
号令蒙古各部讨伐林丹汗，
林丹汗被迫率部西迁。

皇太极下令追击，
林丹汗一路向西溃逃，
部下数万人马为皇太极所收拢。
追兵到达河套后，
林丹汗一直逃到青海大草滩。
此次征程往返万余里，
漠南各部尽归后金。

不久，林丹汗病逝，
漠北蒙古也归附后金。
皇太极把漠南、漠北蒙古划分为
内、外蒙古，
将部落编为旗，
限制在各自区域内，加以严密控制，
结束了蒙古长期纷争的局面。

四、创建大清

天聪九年（1635），
林丹汗的妻儿归降后金，
献上由林丹汗伪造的“传国玉玺”。
次年，皇太极称帝，
改国号为“大清”，
改族名“满洲”，
改年号“崇德”。

是时候表演真正的技术了！

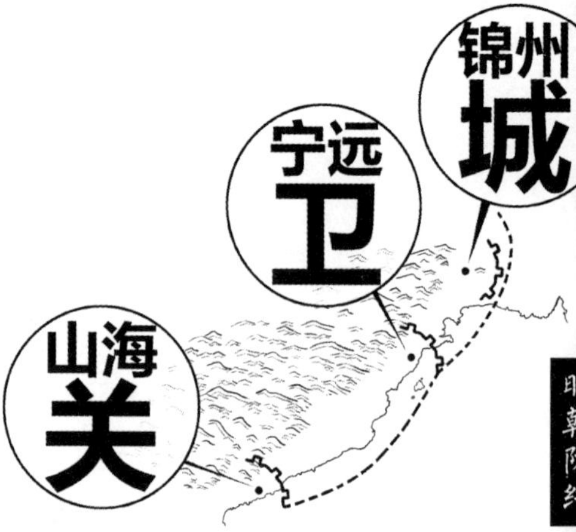

五、终极目标：入侵明朝！

为了抵御后金，
明朝在山海关外的辽西走廊，
围绕宁远（今兴城）、锦州
修筑了层层叠叠的军事要塞，
并采取“以辽人守辽土，
以辽土养辽人”的方略，
与后金长期对峙。

天聪元年（1627，天启七年）五月，
袁崇焕趁后金入侵朝鲜，
抢修锦州城防。
皇太极闻讯，回师攻打锦州。
久攻不克后转攻宁远，
最终后金军伤亡惨重，无功而返。

驻守皮岛的毛文龙部，
在辽东沿海不断袭扰，
令后金腹背受敌，
兵力受到牵制。
皇太极利用明朝内部矛盾，
以毛文龙为谈判条件，
使袁崇焕中计，错杀毛文龙。

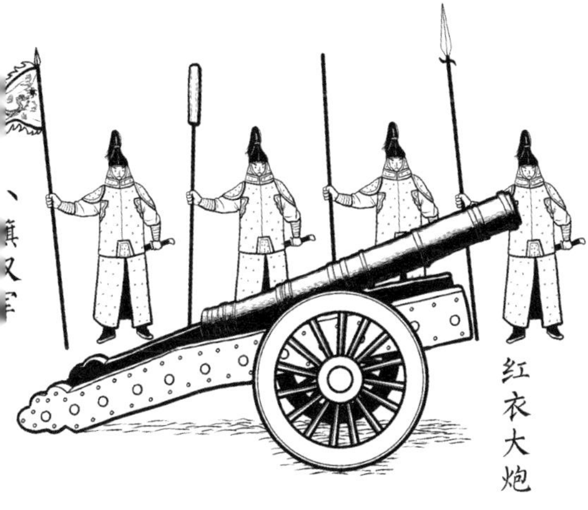

毛文龙死后，
其部将孔有德、耿仲明、尚可喜
相继投降，
辽东沿海再无明军掣肘。
皇太极将他们的军队编为
八旗汉军，
并仿造大炮、
组建自己的炮队——
乌真超哈。

天聪三年（1629，崇祯二年）十月，
皇太极率军10万，
绕开重兵驻防的关宁锦防线，
取道蒙古境内，
从防守薄弱的喜峰口入塞，
直逼北京。
袁崇焕闻讯后紧急驰援。

袁崇焕率军抵达广渠门外，
与后金交战。
皇太极派人散播谣言，
说袁崇焕招引金兵，
欲逼迫明廷订立城下之盟。
后金退兵后，
袁崇焕被崇祯帝凌迟处死。

袁崇焕死后，孙承宗接管辽西防务，
在锦州以东修复大凌河城。
天聪五年（1631，崇祯四年），
皇太极率军围困大凌河城3个月，
拔除了这座要塞，
击溃了明朝援军。

此后，清军多次绕开
关宁锦防线入塞，
虽然未能攻陷北京，
但是攻略范围遍及
河北、山西、山东，
连济南也未能幸免，
清军最远甚至打到了
海州（今连云港）。

由于关宁军驻扎在辽西走廊，
威胁清军后方，
所以清军无法在关内立足，
于是就大规模掳掠、破坏，
造成华北地区的空前浩劫，
从而动摇明朝的经济基础。

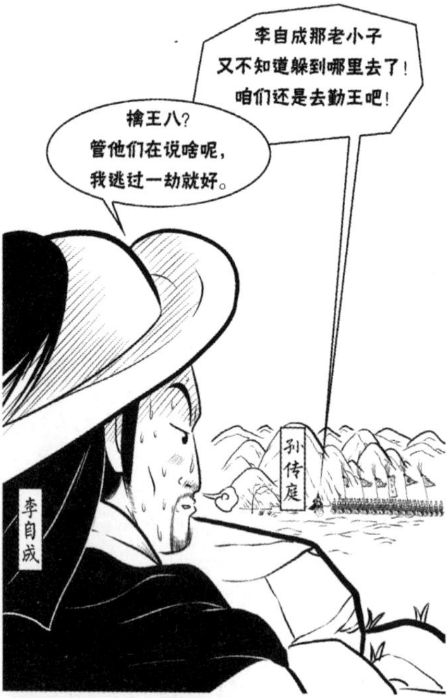

清兵入塞，
还导致正在围剿农民起义的明军
不得不入京勤王，
致使农民军一次次在重围中死灰复燃，
进而使明王朝在内忧外患中
一步步走向灭亡。

崇德六年
（1641，崇祯十四年）三月，
清军围困锦州，
继而与明朝援军决战，
至次年四月，明军被全歼，
主帅洪承畴被俘后降清，
辽西防线土崩瓦解，
山海关外仅剩孤城宁远。

崇德八年（1643，崇祯十六年）
八月九日，皇太极突然逝世，
享年51周岁。
幼主福临继位，
多尔衮摄政，
改元顺治。
次年，清朝入主中原，
统治中国268年。

读者有话说

王子木

努尔哈赤就是一个野蛮大酋长，照他那个玩法后金能不能保住现有战果都是问题。皇太极军事与政治能力并举，东征朝鲜西统蒙古北伐黑龙江，又注意招募明军降将，炮兵水军多兵种发展，使得清军战斗力空前强大。没他怎么可能入主中原？

飞星云影

说实话把太祖的名将蓝玉、徐达、常遇春、汤和给崇祯用，他也用不好。明末这几个争议统帅真的够给力了，基本都做到杀身成仁了，哪怕投降也是尽力战败才被擒的，再看看甲午战争中的清朝将领……唉！

拉曼却的哭丧脸骑士

没有皇太极，后金绝对不会变身成大清，多尔衮在入主中原局势还未大定之时，悍然推行“剃发易服”，激起了汉人的反叛，大大拖住了清军统一天下的脚步，甚至为此闯营和西营都统一在了南明旗帜下，差点儿形成了民族统一战线。如果一直是努尔哈赤统治，后金最多也就盘踞东北，不会有出息。如果没有皇太极，林丹汗也不会统一蒙古诸部。虽然没有皇太极明朝也一定会灭亡，但很可能亡于农民起义而不是外族入侵。

大猴儿

没有皇太极，就是唐末五代的局势，少数民族政权封建化是历史的必然趋势，不论是契丹、女真还是满人。没有皇太极，后金的内乱可能还会有一阵子，但最终也会杀出个新的皇太极，成为后金的耶律德光，席卷天下不敢肯定，但做一个左右中国北方局势天平上的砝码是完全可以的。

最光阴

皇太极最大的功劳是缓解了民族之间的矛盾，提高了社会动员力，使清的综合社会实力更进一步提升。而且清可不是原始人，科技水平并不弱于大明，所以战斗力一直爆表。

相比之下，大明社会因为地主阶层掌握税收管理，士大夫阶级掌握舆论，整个社会动员力就是悲剧中的悲剧，一个犹如行将就木的老人，一个是朝气蓬勃的年轻人，焉能不败？

不过，从清军进山海关，一直到康熙年间才初步平定天下（“三藩”之乱前），可见皇太极时清人根本没做好入主中原的准备，皇太极死后也只是做到了初步准备。其中历史教训值得研究。

贤子

皇太极和他的曾孙雍正真的是清朝最有远见卓识又手腕强硬的雄主，一个奠定了一统天下的基础，一个奠定了往后近两百年的国祚。

匕首将军

皇太极要多活个十年，至少不会有扬州十日了，也不会有那么多投降的明军杀自己人比旗兵还狠了！多铎那厮跟日本鬼子没区别，早染病死纯属报应！成大事者，可以腹黑，但是不能对天下太放肆，历史的耻辱啊！

编后语

皇太极病逝经过及帝位之争

崇德八年（1643，崇祯十六年）八月九日，皇太极像往常一样，忙碌了一整天：接见并赏赐前来朝贺的内蒙古土默特部首领，以及下嫁给科尔沁、察哈尔部的女儿，诸事完毕才返回寝宫。这一切，都没有显露什么不祥之兆。

沈阳故宫中轴主体建筑的最后一进院落，是皇太极与皇后博尔济吉特氏的寝宫——清宁宫。寝宫东侧有南北两小间暖阁，各设一炕。当晚亥时（21—23时），皇太极端坐在南炕上终止了生命……

清朝官方史书称皇太极“无疾而崩”，这显然是为尊者讳的笔法，意思是皇太极一生文治武功，死而无憾，显然并不符合实际情况。

皇太极年轻时身高体壮，一张大红脸，尤其不怕冷，应当属于阳盛体质。中年以后发胖，甚至连他的坐骑也难以承受，出征时必须两匹马换着骑。因此，皇太极很有可能患有高血压。

皇太极从崇德五年（1640）开始生病，到温泉去疗养。清朝官方史书并没有写皇太极得的什么病，只记录“圣躬违和”“圣躬不豫”。崇德六年（1641），皇太极五十大寿时曾说：“山峻则崩，木高则折，年富则衰，此乃天特贻朕之忧也。”此时，皇太极已经预感到自己的衰老。

崇德六年（1641）八月，松锦大战前夕，明廷派出13万援军，前线告急。皇太极定于十一日亲征，却因病推迟了三天，皇太极这次的病症是出鼻血。到十四日，皇太极仍然流鼻血，却不得已扶病出征。清朝官方史书记载："上行急，鼻衄不止，承以椀，行三日方止。"由于走得太急，皇太极一路鼻血不止，以至要用木碗来盛接。据此判断，很有可能是高血压引发的血管疾病。

松锦大战之时，皇太极宠爱的宸妃病逝，对他的身心打击很大。宸妃病危的消息传来，皇太极对前线战事做了部署之后，急速赶奔回宫，以求与宸妃见上最后一面。皇太极未到宫前，就传来了宸妃逝世的消息，皇太极悲恸欲绝，哭到晕厥。

次年十月，皇太极再度"圣躬违和"，甚至要大赦天下来向上天祈求痊愈，同时清廷官员还建议皇太极减轻国事活动。崇德八年（1643）正月、三月、四月，皇太极频繁"圣躬违和"。

据朝鲜官方史书记载："清人言于世子馆所，以为皇帝病风眩，愿得竹沥，且要见名医。"风眩病就是头昏晕眩，竹沥功效是化痰、去热。皇太极晚年操劳过度，加上宸妃死后，情志不舒，导致血热上涌、痰火上升，必然会头目晕眩，从而容易引发中风，猝然死亡。因此，皇太极致死的主要病因，应该是由高血压引发的中风。

由于皇太极生前并没有指定储君，在他死后的第五天，皇位之争正式爆发。皇太极同父异母的弟弟睿亲王多尔衮手握实权，且觊觎皇位已久，但是大臣们多半认为应立皇子，其中皇太极的长子肃亲王豪格最有希望抗衡多尔衮。

次日，诸王大臣在沈阳故宫崇政殿议立新主，气氛剑拔弩张。议论一开始，索尼、鳌拜两黄旗大臣首先提出应立皇子，被多尔衮喝退。多尔衮的同母兄弟英郡王阿济格、豫郡王多铎鼓动多尔衮当皇帝，但是多尔衮犹豫不决，最终拒绝了他们的要求。

随后，多铎急不可耐地毛遂自荐：如果多尔衮不同意，就应该立自己为帝，因为他的名字曾列于太祖遗诏之中。对此，多尔衮也持异议："肃亲王（豪格）的名字也在太祖遗诏中提到，不只有你的名字。"意思是，既不同意立多铎，也不同意立豪格。

多铎遭到反对后又提出，如果不立自己，而要择立年长者的话，就应该立努尔哈赤的次子礼亲王代善。代善见争论到自己头上，便不再缄默，他表示，如果多尔衮能继承皇位，诚为国家之福，否则就应当立皇子，至于自己，年老体衰，难以胜任。

争论的最终结局，是折中方案为大家所认可，即多尔衮拉拢堂兄郑亲王济尔哈朗联合辅政，由庄妃（即后来的孝庄文皇后）的儿子、六岁的皇九子福临继承大统。虽然名为联合辅政，但实际上是由多尔衮独掌权柄。为此，清宫还曾传出孝庄下嫁多尔衮的绯闻。

吴三桂

1644年的单选题

一个利己主义者，卖君求荣却落得兔死狗烹的下场，还得遭受万世骂名，生前死后的便宜都没有占到。

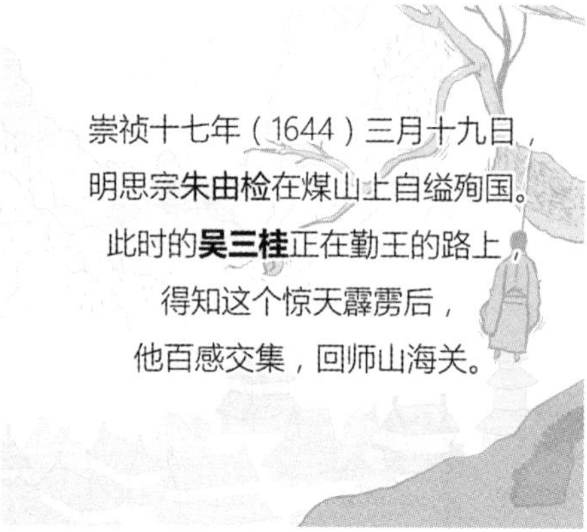

屯驻山海关的吴三桂焦灼满怀，
昨天还是大明的总兵官、平西伯，
今日就成了亡国之臣了。
更重要的是，
他一家三十余口还在北京，
生死未明。

此时，
三千辽东子弟兵等待他的抉择，
摆在 33 岁的吴三桂面前的
是一道单选题：

A 以身殉国
B 投靠李自成
C 或倒向多尔衮
D 平流寇外御北虏

就在吴三桂茫然无措的时候，
李自成开始行动了：

A 派吴三桂的恩师前去劝降
B 遣使携银 4 万两去山海关犒赏
C 责令吴三桂的父亲吴襄写信劝降

吴襄的劝降信
虽然是他自己的笔迹，
但就遣词造句来看，
应该是李自成的军师牛金星起草的。
很明显，
吴三桂的老爹被人家攥在手里了。

此刻的吴三桂，
或许会想起自己18岁那一年，
仅率五百人的父亲吴襄
被皇太极的四万大军围在大同城外，
他率20名家丁破阵救父的壮举。

但这一次形势不同了，
大明覆亡已成定局，
李自成的大顺朝将取朱明而代之。
吴三桂决定与农民军握手言和，
归顺李自成。

全军为崇祯缟素举哀后，
吴三桂率部进京谒见李自成。
军至永平（河北卢龙县），
北京传来了消息，父亲吴襄被拷饷，
爱妾陈圆圆被李自成的部下刘宗敏劫掠。

据《甲申纪事》载，
吴三桂听到自己被绿了，
头发都竖起来了，
当即挥师返回山海关。
这就是后世广为流传的
“冲冠一怒为红颜”。

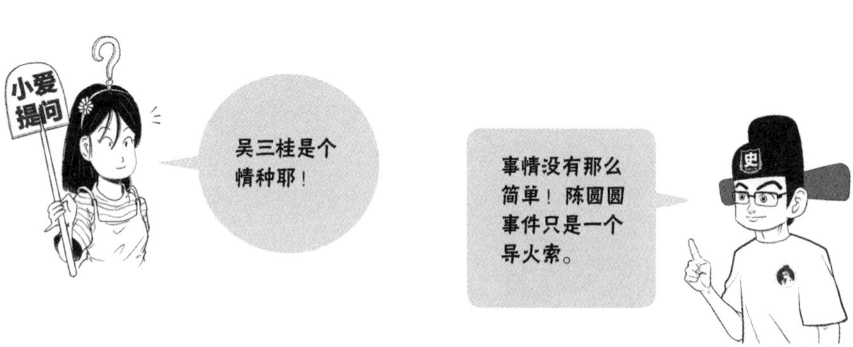

拷饷

吴三桂与李自成决裂的
关键因素，
在于大顺王朝
对于投降的地主阶层
严厉拷掠。

与李自成决裂
使得吴三桂处于腹背受敌的局面。
他决定联清抗李，
于是以大明旧臣的身份给多尔衮写信，
请求出兵灭李，为他报君父之仇，
而他将“割让土地作为酬谢”。

在吴三桂派出求援使者不久，
李自成亲率六万大军[7]奔向山海关。

注①：《明史》《清实录》称率兵二十万，《甲申传信录》说十余万。据学者商鸿逵考证，大顺军东征部队不超过六万。

崇祯十七年四月二十一日，
大顺军和清军同时抵达山海关。
次日，大顺军与辽兵正面激战。
关键时刻，
清军突然从阵后绕出并向大顺军
发动了猛烈的进攻。

山海关之战作战经过示意图

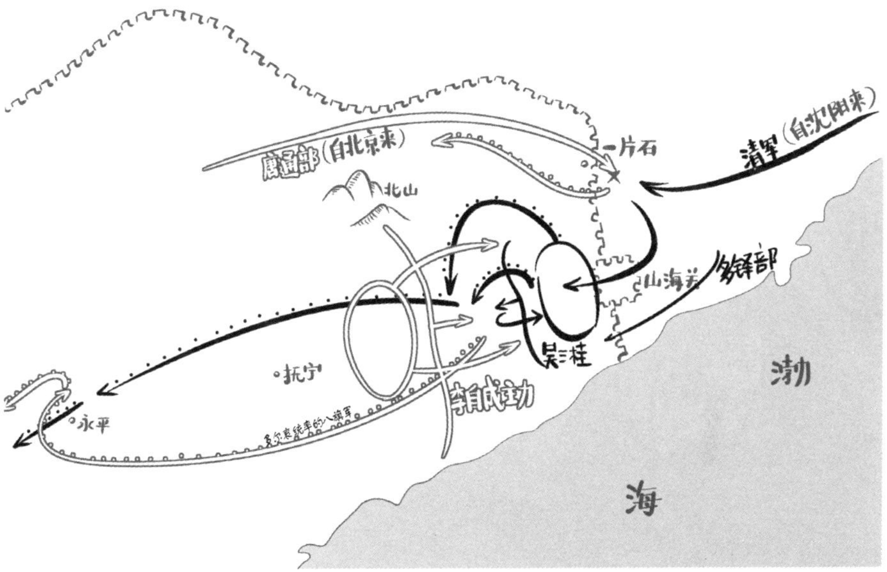

李自成事先对清军入关
毫无所知,
兼之连日作战,
大顺军士气也处于
再而衰的境地,
虽拼命搏战,
终抵挡不住两军的凶猛夹攻,
大败而归。

自明初以来，
山海关一直是北京的门户和屏障。
关门既已为清军所有，
北京即告危急。
在军事上异常被动的形势下，
李自成被迫西撤，
途中将吴三桂满门处死。

吴三桂献关后，
明末局势进入了一个新的时期：
农民军开始衰败，清军问鼎中原。
吴三桂也因此得到了
新主人的最高奖赏——

吴三桂请兵击败李自成，
实现了亡明士大夫的共同愿望，
又得到了南明政权的赏识[1]。
南京弘光朝廷建立伊始，
便将他遥封为蓟国公，
还派专使北上，携银犒军。

注①：夏允彝《幸存录》称吴三桂请兵复仇如"包胥复楚"，可见当时士大夫的态度。

虽然明清双方都表彰他，
但显然各怀心机。
从封号中可以看得出来，
多尔衮希望吴三桂追剿李自成，
而南明希望他守住北方。

经过几年时间的徘徊，
吴三桂再也不提“君父之仇”，
而是望风转舵，称崇祯帝为“故主”，
反复表白自己“矢忠新朝”了。

为了表忠，
吴三桂不但对李自成残部
进行残酷的镇压，动辄屠城，
而且对一些抗清的朱明后裔，
也不遗余力地斩尽杀绝。

顺治十四年，
吴三桂又以平西大将军职，
南征云贵，
攻打南明最后一个政权——永历政权。
四年后，师出缅甸，
勒死了南明末帝朱由榔。

就这样，
吴三桂以千百万抗清义军的头颅
博得了清政府的信任，
以故主“君父”的鲜血染红自己
顶戴上的宝石，
攀上了权势的巅峰。

然而，
就在吴三桂开藩设府，坐镇云南，
权力和声势都达到顶点的时候，
他与清朝中央政府的矛盾
却开始激化起来。

形势逼人之下，
康熙十二年（1673）春，
吴三桂假惺惺地上疏朝廷，
请求撤藩，实则希冀慰留他。
哪知道康熙假戏真做，真批准了。

在经过一阵仓促的准备后，
该年十一月底，吴三桂铤而走险，
自号“周王天下都招讨兵马大元帅”，
令部下“蓄发易衣冠”，
称兵反叛于云南。

反叛之初，吴军势不可当，
连下贵州、湖南，福建靖南、
广东平南二藩。
关键时刻，吴三桂没有挥师北上，
想划江而治，
结果与清军形成对峙之势。

康熙十五年（1676）形势图

几经周转后，双方攻防互换。
吴三桂颇感财力不足，兵力难继，
党羽也纷纷离心离德；
相反，康熙却运筹有度，
以全国的兵源、财源做后盾，
数路出兵，进行反攻。

康熙十七年三月一日，
自觉大势已去的吴三桂
在衡州登基为帝，
国号大周，改元“昭武”。

五个月后，
吴三桂在衡州皇宫“驾崩”，
时年 67 岁，
一代枭雄就此了结一生。

时人评曰——

读者有话说

芋艿豆腐皮

吴三桂到了云南，应该留着永历不打，这样清朝就永远需要吴三桂，还可以坐地起价，要这要那，杀了永历，就成了狡兔死走狗烹，没了回转余地。

像往常一样

明朝灭亡的根本原因是财政崩溃，尤其是税收系统根本无法运行，这个问题到了康熙都没解决，只不过老玄子比较能打，压制了问题。到了雍正帝，仅用一代人的时间，就把明朝没根除的事儿解决了，中央财权收回，稳定了各行政、军事机构，实现了中央对地方的领导。到了太平天国时期，地方财权再度自给，各地自然形成军阀，到了辛亥革命时，清廷指挥不灵就理所当然。吴三桂、袁世凯前期威猛无比后期衰落，因为手下都有一个省做地盘，至少也有几个市，人家有了自己的根儿，凭什么为你卖命？永远不能让军事集团掌握财政大权，一旦接触到财权，就会自成一体，再也无法控制。

像往常一样

清朝入关前在皇太极时期已经完成了封建制度改造，老范帮他锻造了和关内同等的管理制度，清入关有偶然性，但不是说入关就能稳定统治，没两把刷子是稳定不了的。南明不值得同情，自己作死，小朝廷尔虞我诈互相攻打，内部斗争激烈不能统一意见，死不足惜。清克北方，实际上有大量地盘是接收得来的，这多亏了大量的投清派。很多人指责汉奸，可有没有想过：汉家自己烂泥扶不上墙，凭什么要所有人买单？批判汉奸是应该的，但也要反思，自身才是根本原因。

路飞

吴三桂起兵败亡的原因：一是战略眼光不足，没有直捣京师，而是想划江而治。二是一开始起兵以光复明室为旗帜，得到很多汉人的拥护，但他并没有让位明室，连立个朱傀儡都不愿意，很多人认清了他的狼子野心，纷纷离去，最后可以说是众叛亲离。

有理不在身高

吴当时没有那么多选择，不是降清就是降李。自立是不可能的，因为他没有补给，必须找一个大后方作为依赖。当时李顺并没有统一全国除辽东外的地区，只是推翻了明朝，占领了北京。从实力上来说，李不是最强的，南明势力将其视作仇人，想要入主中原的清也视李为最大的绊脚石。久经战阵的吴，知道李顺起义军的实力远远不如清军和辽东军，失败是不可避免的。京城内反对李顺的力量也不弱，吴只是李顺希望树立的招降标杆而已，如果不能吸收这些势力扩充自己，李顺在北京待不住。降清的将领洪承畴是吴的参考，保守来说，降清更保险。至于起义军打压明朝旧臣的事件出现并不奇怪，而这种事只会让吴更加倒向清一边。降清后，为了巩固地位，吴只能为清效力，打击李顺和南明势力。至于反清，也是无奈之举，清朝除掉功臣屡见不鲜，连满族大臣鳌拜都不放过，更别说汉臣了，将李顺和南明消灭后，下一步自然就是吴这样反复无常、功高震主的汉臣势力。完全在清朝控制中的吴，没有能力推翻清朝的统治，富庶的江南地区始终在清朝的控制中，吴占领的都是荒蛮之地，兵力财力十分有限，不能与中央对抗。战术上一时的胜利，也无法掩盖战略上的失败。吴之所以成为历史名人，是大众认为他拥有左右历史进程的能力，其实他没有选择，只是个配角。

编后语

吴三桂如何一步步滑向两重道德深渊？

在金庸的《鹿鼎记》中，成为清朝平西王的吴三桂与主角韦小宝有几场精彩的对手戏。小说通过陈圆圆的讲述，倒叙了山海关大战中吴三桂降清的经过，并从侧面描写了三藩之乱的始末。

在历史上，吴三桂是最后一个投降清军的辽东名将。

抗清名士夏允彝在《幸存录》中说："三桂少年，勇冠三军，边帅莫之及。闯寇所以诱致之者甚至，三桂终不从。都城已破，以杀寇自矢。包胥复楚，三桂无愧焉。"站在明朝士大夫的立场上，把吴三桂比成春秋时期的申包胥，评价非常高。

以身殉国的夏允彝没有料到，后来的局势发展是农民军（大西军张献忠余部）与南明小朝廷联手对抗清军，阶级矛盾让位于民族矛盾，亡国让位于亡天下。而吴三桂却靠投机左右逢源，一步一步迈上了权势的巅峰。

要了解吴三桂的内心转变，就必须了解他的生平。吴三桂的祖籍是江苏高邮，祖上因为经商来到了辽东。吴氏通过与辽东望族祖氏（祖大寿家族）联姻，迅速发展起来了。

祖氏世居辽东，累世为将，根深蒂固。崇祯三年，袁崇焕被处死，而作为袁的部将，祖大寿却可以安然回到辽东，个中原因，在于崇祯不敢轻易动祖氏家族。

祖大寿降清后，吴三桂带的三千辽兵，主要是以吴氏父子、兄弟、亲属及其子弟、家丁组成的。孙承宗的“以辽人守辽土，以辽土养辽人”的策略，后果之一就是导致军队存在一定的私家化倾向。

所以崇祯死后，吴三桂需要考虑的，不仅仅是个人的去留，还有这三千部曲的命运。谁能给他军饷，养活这些人，他会优先选择投靠谁。辽兵与农民军之间的仇恨，远远没有与宿敌清兵深。投靠李自成，也是情理之中的事。

但李自成为了兑现“闯王来了不纳粮”的承诺，对地主阶级疯狂拷饷，甚至存在扩大化倾向，这就与吴三桂存在不可调和的矛盾了。按照李自成的政治逻辑，吴三桂迟早是革命的对象。（和郭沫若在《甲申三百年祭》中说的不一样，李自成进京后并没有腐化，可参阅顾诚《南明史》的考据）

吴三桂重回明朝士大夫的立场，向宿敌建州女真借兵“为君父复仇”，也符合其自身的利益。不过多尔衮一代枭雄，不可能按照吴三桂的套路走，他改变了进兵路线，抓准了吴三桂与李自成两败俱伤的时机。

双方实力悬殊之下，吴三桂与多尔衮的议价空间越来越小。从主张拥立朱明后裔为新主，与北朝（清）划黄河而治，逐渐转变到助清军剿灭朱明后裔。就这样，一步一步滑向了当时的两重道德的深渊：既坏了“夷夏之防”，又毁了君臣之伦。

吴三桂的这种心态，与近代协助日本侵略中国的朝鲜兵很像，一些朝鲜兵比日本兵还要狠。后来吴三桂绕过李定国，从缅甸骗回了永历帝后，按照规矩得押送到北京，但他上书主张就地处死。

对于处死永历帝的方式，吴三桂主张斩首，连清兵的将领都看不下去，好歹是一国之君，得留一个全身。后来吴三桂把永历帝勒死后，还是焚骨扬灰了。这一个黑点，就是用洗衣粉，都洗不掉。

后来康熙撤藩，吴三桂跑到永历帝的衣冠冢那里哭，表示他错了。不能说吴三桂的行为完全是作伪，他应该是在忏悔：老子太傻了，卖君求荣却落得兔死狗烹的下场，还得遭受万世骂名。

确实，对于一个利己主义者来说，生前死后的便宜都没有占到，还有什么比这更蠢的。

李自成

一个失业职工的复仇之路

大顺官员队伍多为下层知识分子，与明廷高官相比，缺乏治国理政的经验和战略眼光。李自成和他的智囊，可能根本没意识到，清八旗军已经虎视眈眈。

崇祯三年的一天，
陕西米脂县上空烈日炎炎。
围观群众的叹息中，
仆役们正在殴打
一个带着枷锁的汉子。
去年驿站大裁员，
失业的汉子借钱度日，
欠了艾乡绅一笔高利贷。

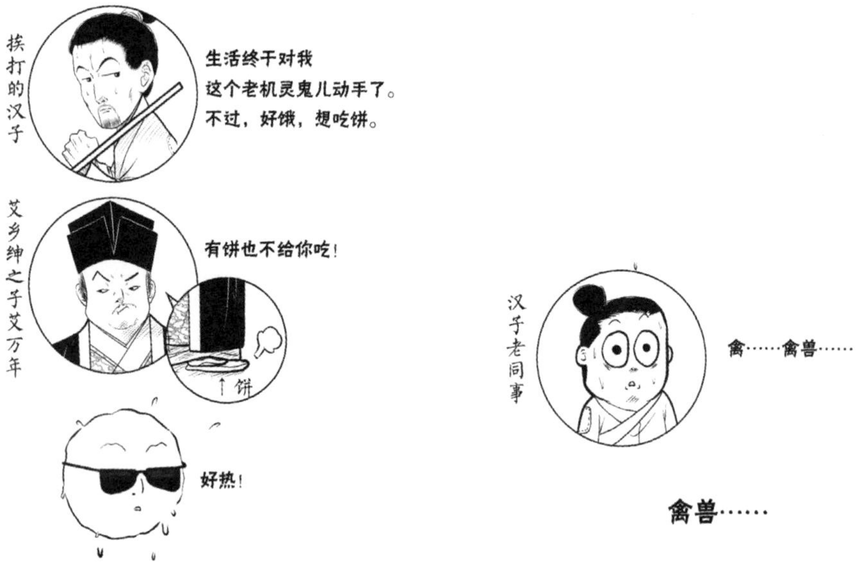

汉子的老同事们看不下去，
乞求把他挪到阴凉处，被拒绝。
群众的怨愤瞬间被点燃，
众人一拥而上，簇拥汉子而去，
落草为寇。

这个汉子，名叫**李自成**。

这种事在当时已经不新鲜。
天启七年起，天下大旱，苛税反增，
百姓靠吃树皮、观音土、路人，
甚至自己的孩子过活，
到处都是进攻官府缙绅、
打家劫舍的农民，
陕西省内烽火遍地。

新的一天，新的难过。

邻省山西下令“闭粜”，
禁止卖粮给陕西“流寇”吃。
结果崇祯三年十月，
山西、陕西饥民合力攻占
黄河渡口河曲镇，
起义的烈火蔓延到三晋，
李自成也随大军拥入山西。

官军追剿下，
陕西的起义者几乎被扑灭。
山西境内，
李自成却以“闯将”的绰号，
日益崭露头角。
他曾打乱明军围剿计划，
攻破山西东部的辽州城（今左权县）。

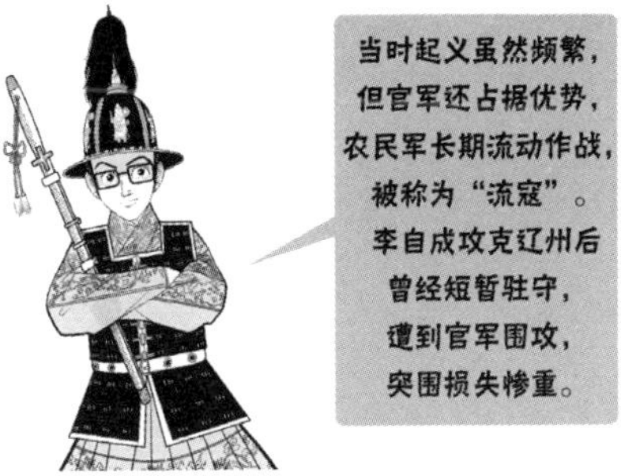

农民军曾翻过太行山威胁京畿。
朝廷慌忙堵截，终于在崇祯六年冬，
把李自成等六十一路农民军
围困在山西、河南交界的黄河以北。
绝境中，农民军却诈降，
在封冻的黄河上铺木板跑路了。

转战中原后，
李自成有了三四万人马，
重返西北，
先后消灭了明军副总兵艾万年
和悍将曹文诏。
这引起了三边总督、
五省军务总督洪承畴的注意。

洪承畴亲自出马，
李自成大败后跑回老家，
又被明军贺人龙部袭击，
接着又赶上无定河发洪水，
只剩刘宗敏等几百骑逃脱。

亏高一功部农民军万余人前来投奔，
自成声势复振，再次打回米脂，
少乡亲追随他。
久，
自成西进至
肃、宁夏一带，
南下四川。

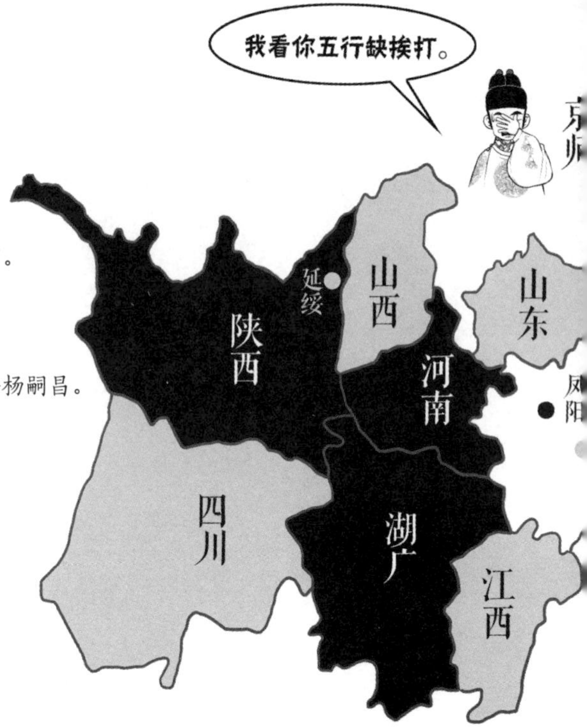

与李自成同时，
数支农民军还驰骋在中原各省。
“流寇”很活跃，朝廷很头痛。
崇祯十年三月，
崇祯帝“夺情”启用宣大总督杨嗣昌。
杨嗣昌提出“四正六隅，
十面张网”战略。

四正：陕西、河南、湖广、凤阳，四地巡抚以剿杀为主，防守为辅。

六隅：延绥、山东、山西、应天、江西、四川，六地巡抚以防守堵截为主，必要时协同剿杀。

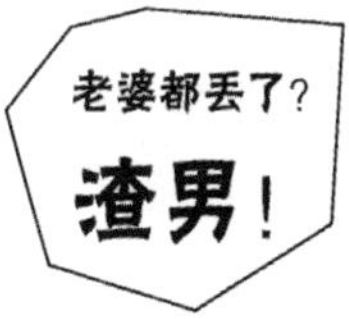

“十面张网”果然起效，
多路农民军投降。
潼关南原之战中，
李自成被陕西巡抚孙传庭
打得全军覆没，
老婆都丢了，
幸仅剩的十八骑逃入山林，
有的明朝官员甚至以为他死了。

然而潼关之战后，满洲破塞，
陕西明军进京勤王，“张网”洞开；
为了支撑“四正六隅”战略的军费，
“剿饷”未废，又加“练饷”，
加之旱灾严重，
更多的百姓倒向农民军。

崇祯听了想砍人

崇祯十二年，
张献忠、罗汝才部
在湖广重新起义，
李自成趁机收聚部众，
配合作战，壮大力量。
次年夏天，
他北上灾荒中的河南，
很快拥众数万，
并重用了一批知识分子。

崇祯十四年正月，
李自成大军攻洛阳，
饿肚子的明兵主动开城投降。
李自成将城内福王府堆积如山的
金银粮食分发给百姓，
处死福王，
便兵指河南另一座古都——
开封。

真香警告

开封城防异常坚固，
李自成付出被射瞎左眼的代价，
两年内三攻开封。
农民军曾围城四个月，
明军以人肉为粮。
最终，双方争挖黄河大堤淹对方，
适逢大雨，开封被洪水冲垮。

这两年多，
李自成打败孙传庭、大破朱仙镇，
歼灭河南明军主力，
并与罗汝才、“革左五营”等联营，
成为农民军共同领袖。
之后，他率四十万大军挥师南下，
击垮明将左良玉，
攻陷湖广重镇襄阳。

崇祯十六年二月，
李自成改襄阳为襄京，
以元帅名义，建立起中央政权，
牛金星为丞相，并任命各级官员，
开科取士，整编军队，
宣布“三年免征”，恢复生产。

这时，
罗汝才仍想保持独立性，
甚至同李自成竞争。
一天，李自成率二十余骑，
闯入罗汝才大帐，
于万军之中将其杀死，
在七天内平息内部纷争，
兼并了罗的队伍。

李自成

罗汝才·别号『曹操』

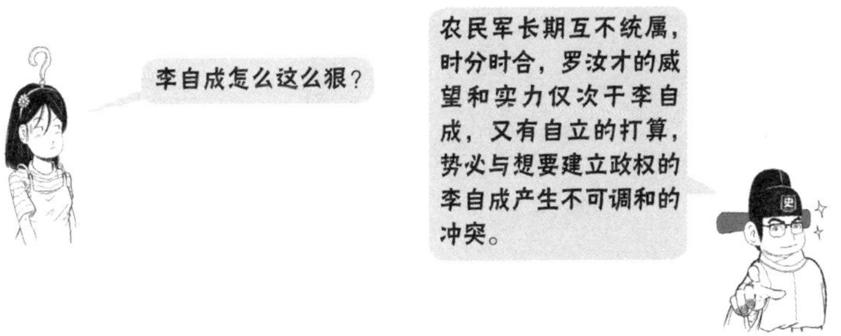

局势让崇祯帝焦急万分。
诏书催逼下，
孙传庭率十万大军再出潼关，
进攻河南，
并以李自成政权官员
为内应探取情报，
制造襄京被袭击的假消息，
诱李自成分兵。

明军接连攻克洛阳等地，
进攻河南中部的陕县时，
孙传庭却发现，
粮道被切断。
原来内应已被李自成识
获得的情报是假的。

明军溃败，
农民军追亡逐北四百里。
潼关破，
孙传庭被杀。

传庭死，而明亡矣。
——《明史》

李自成旋即占领西安，兵分三路，
扫荡陕北、汉中和西北地区。
一些明军将领归降，
原开封守将陈永福曾射瞎李自成左眼，
心存犹疑。

打成共识

崇祯十七年正月初一，
李自成改西安为长安，登基称帝，
建国大顺，建元永昌，
建立起“六政府”等中央、地方机构，
延续襄京时期政策，
并对关中缙绅实施追赃助饷。

不久，大顺军兵分两路，
大举东征，
陕西到北京的广阔区域
百姓望风归顺，
明朝官吏纷纷献城投降。
崇祯帝还在纠结
要面子还是要命时，
南路大顺军已经
沿黄河北岸包抄了。

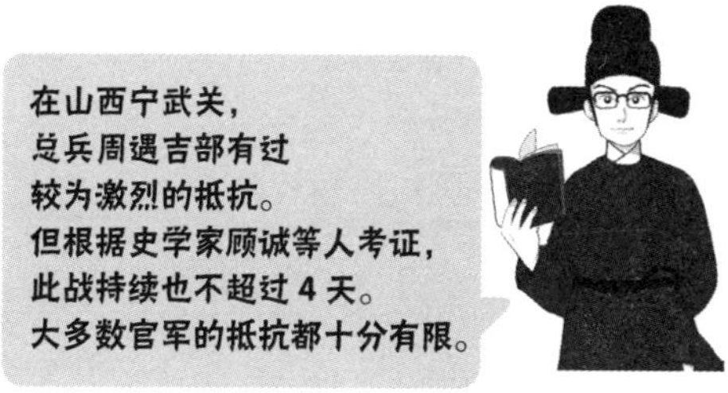

三月十九日，北京被攻克。
曾经被举人老爷毒打的失业青年，
在百万农民的欢呼声中，立马紫禁城。
李自成安葬帝后，封明太子为宋王。
大顺军纪律严明，
北京秩序很快安定。

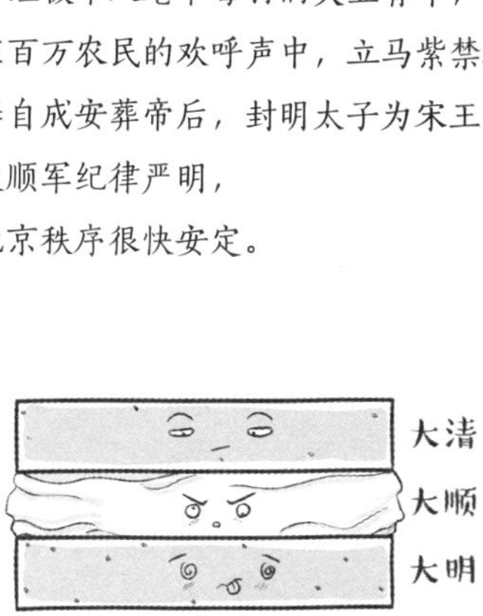

1644年三月形势图

李自成对明朝降官
三品以下者部分加以录用，
对勋旧贵戚，则开展追赃助饷。
山东传檄而定，
宁远总兵吴三桂进京归顺，
顺军准备南征。
天下，似已在他掌中，然而——

吴三桂反水的消息突然传来。
李自成惊讶之余，
率六万大军进军山海关。
两天激战后，
顺军几乎将吴三桂部压垮时，
一支十余万之众、
装束奇异的部队
突然杀来。

败退回京的李自成
匆匆在武英殿举行登基大典后，
在宫中放火，撤出京城。
清军追击下，
曾对他称臣的明朝降官，
突然变身忠臣孝子，
拉起“为先帝报仇”的旗号，
袭击顺军。

清·头发收割者·多尔衮

李自成退回长安，并着手反击。
顺军在豫北发起怀庆战役，
一度重创清军。
然而这却打醒了多尔衮，
他立刻令征讨南明的清军
掉头袭击大顺，
大顺陷入南北夹攻。

南明：我以为我是一条咸鱼了……

被动中，
李自成亲自防守潼关，
清军以红衣大炮轰击，
潼关失陷。
永昌二年正月，
顺军被迫撤出长安。
担心陕西百姓挨饿，
顺军将领没有焚烧军粮，
结果却喂饱了清军。

这时，
大顺与张献忠部又有龃龉，
三面受敌。
李自成撤退至湖广，
竟放弃了这块
经营一年多的根据地，
转而进攻南京，
又被清军截击。
不久，
首席武将刘宗敏被阿济格俘杀。

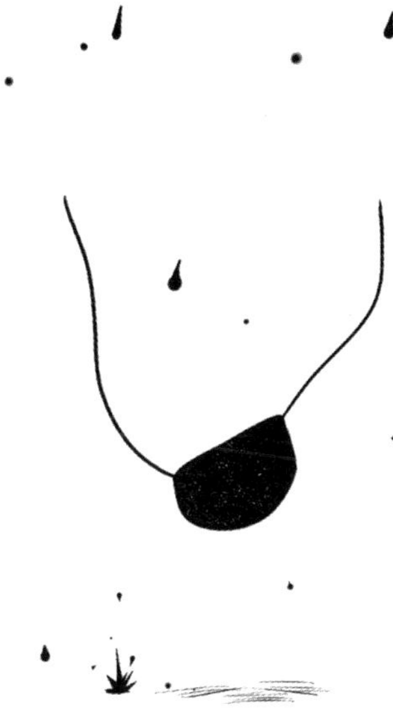

←李自成眼罩

李自成被迫率主力转向西南，
在通山九宫山地区行动时，
却意外被地方武装杀死。
部下推举他三弟李自敬继位。

杀！
而大顺军余部，
后来成为南明抗清战场上
最为顽强的一支力量。
忠貞營

读者有话说

袁经纬

有人说李自成是民族罪人，原来朱明老爷们的命是命，饥民的命就不是命了。一群吃不饱饭的农民抗清失败了是罪人，吸尽天下民脂民膏的九边精军、大明皇帝、士绅官僚们从萨尔浒被人抓到缅甸反而有人歌功颂德？天下皆降闯不降，李自成和他的闯军血战山海关、潼关之时，大明的官员、宗室，要么剃头而降，要么苟且江南，坐视中原沦陷！嗟呼！闯王之败，非战之罪，乃无力回天也！

非理法權天

其实才入京42天又不是好几年，大顺军纪哪里会败坏松散得那么快。记得顾诚先生提到闯王的问题在于一直没有意识到满洲人也是个巨大的威胁，主力也没有集中到北京地区，分得很散。还有就是没能团结旧势力，过度打压造成阶级的分裂和不团结。

成长的小一

李自成的失败很大程度在于不懂得“统战”。前明官员和地主其实是非常值得拉拢的对象，更何况中国历史上有优待前朝旧臣的先例，可李自成一进京就对这些人大开杀戒，把他们都逼到了自己的对立面，实在可惜。相反，清朝就很聪明，知道采用“胡萝卜加大棒”的政策，因此有了两百多年的江山。

七月

帝国的权力，实际掌握在双重身份的士绅官僚手中，他们一边是拥有政治地位的官宦，一边是掌握经济命脉的地主。他们的饱和度超出帝国财政的可承受范围，广大底层人口走投无路时，旧王朝便覆灭了。而新王朝往往又无可避免地陷入治乱循环的泥淖。李自成没有完成封建化的蜕变，复以战略眼光低，战术布置失当，以致白白断送好局。

江山风雨情

李自成的失败，一是口号不现实，所谓“闯王来时不纳粮”，试问，人嚼马吃的，不纳粮上上下下陪你喝西北风去？二是所谓的追赃，固然那些嘴炮党、墙头草死有余辜，但夹在清朝和南明之间，尤其是山海关一线未定之时，动手不是好时机。那时动手，绝对是把人往清朝推！三是这些所谓的义军，打顺风仗可以，一旦逆风，绝对崩溃！如果不是明军上下军无斗志，之前的萨尔浒之战又折了大批军队，李自成绝坐不了龙椅！另外，那些朝臣，闯来降闯，清来投清，有这么多的猪队友，崇祯帝就是一百条命也挂不过来。

一颗土豆

自皇太极起，清廷已立下窥取中原之志，入关是国策，是既定路线，是历史必然，吴三桂开关以及山海关战败只是让时间提早的历史偶然。李自成“追赃助饷”在失败后被无限放大，李自成推倒大明的能量也被放大，真正要了大明性命的还是清人。辽饷更激民变、己巳之变华北一片焦土、松锦之战九边精锐尽失，洪承畴、卢象昇、祖大寿……清军耗尽了大明精血，李自成只是恰好推开了一间早已无人守护的空房子。

老白干酒

李自成的武装其实一直没有摆脱流民武装的范畴，虽然后期也进行了部分改革，但依旧带有流民性质，而且派系纷争不断，缺乏真正有才学的人，这些都导致了失败。对前朝人员没有进行妥善安置，内部分赃不均都导致了分裂。

未央主人

明代自朱元璋开国，在制度设计方面就沿袭了金元游牧政权对文人士大夫用而不拉拢的统治哲学。有明一代，文人士大夫阶层与皇帝是对抗关系，明代的天下是皇帝一人的天下，官僚只是打工者。所以明代的士大夫虽然跟皇帝闹，但关系就像员工与老板，还带着很多矫情。这与唐宋时代士大夫以天下为己任的思维完全不同。这也是到了明末，官僚眼睁睁看着政权倒塌也没有责任心只想着自己如何换个主子再打工的原因。从朱元璋废相到朱棣开启厂卫制度压制官僚，明代就已经将统治权集中在皇帝一人手中，脱离了封建官僚阶层的拥护了。

米兰的小菜农 1899

仅从人才来看，李自成帐下就比刘邦、朱元璋差了 n 条街——刘宗敏能比韩信、徐达？牛金星能比张良、刘基？刘邦除了汉初三杰，朱元璋除了徐常刘，其他的人才无论从数量还是质量上都把李自成集团爆出渣了吧。再从主将自身比，都是起于草莽缺点一大堆，但是刘邦、朱元璋的气度胸襟和战略眼光，使其在部下提供的一堆意见中选择了被历史证明最正确的那一个。这种择善从之的智商，李自成怎么比？就算没有清军入关，这种货色守不守得住天下也要打个大大的问号。

编后语

大顺朝为何败得这样快、这样惨？

1644 年农历三月十九日的历史节点，李自成无疑是东亚最有实力的人：

新生的大顺帝国，已经统一了几乎整个黄河流域。从嘉峪关到山东半岛的广阔地域内，从省级的节度使到小小县令，各级地方官员纷纷赴任，恢复秩序，建立地方政权。

李自成的身后，是一支久经战火考验的威武之师，他们已用实力证明，明皇朝的任何武装，都不是大顺的对手。

李自成面前，是秩序井然的北京城。市民们纷纷供奉写有“永昌皇帝万万岁”的香案，前来投降的旧明官僚趋之若鹜。

此时，张献忠已经俯首称臣；南明的主力部队，不过是大顺的手下败将；关外的清廷，坐拥的也仅仅是荒凉的东北。

似乎再没有什么，能阻止他登上中华帝国的皇位了。

谁能料到，仅仅四十二天后，大顺军就在仓皇中撤离北京；永昌皇帝，竟也在一年后败死湖广九宫山，沦为孤魂野鬼。

大顺朝，为何败得这样快、这样惨？

流传最广的解释，莫过于郭沫若 1945 年写的《甲申三百年祭》了：“在过短的时期之内获得了过大的成功，这却使自成以下如牛金星、刘宗敏之流，似乎都沉沦进了过分的陶醉里去了……”在他看来，空前胜利让大顺军骄傲、腐化，导致“军纪已失掉了平常的秩序”是“后来失败的大漏洞”。

据顾诚先生的考证，这种说法并不能揭示大顺朝败亡的真正原因。

一方面，进京的顺军将士，确有志骄意满之举。明工部员外郎赵士锦，曾目睹“国公家媳妇”等数十美女进入刘宗敏府。李自成一向严于律己，《明史》称他“不好酒色，脱粟粗粝，与其下共甘苦”，也有所松懈，收编了明宫女窦氏等为妃嫔；顺军一些中下级军官，也有瓜分明朝败亡勋臣女眷的行为。

但另一方面，李自成也依然保留着不少艰苦作风。他的早膳不过是米汤，“少啜米，饮而出，惮用他物”，每隔三日就到校场校阅士卒，日常出行仍骑战马，仅张黄罗伞盖以区别。大顺军纪律严明，百姓“有行走者，避于道旁，亦不相诘”，劫掠民财者会被处以酷刑，明官员目击，抢绸缎铺的士兵被钉死在正阳门示众，北京市民“嫁女于贼营者甚多，甚以为荣”。

即使山海关大败后，顺军在保定仍能坚持平买平卖；撤离长安时，权将军田见秀以“秦人饥，留此米以活秦人”，拒绝焚毁军粮。比起张献忠、南明军主力左良玉部和清军八旗，大顺军的整体纪律，已经很不错。清廷重臣范文程称：“顺民心，招百姓，我不如贼。”

那么，大顺失败的原因究竟是什么？

亲历大顺统治的明朝官僚，极其诟病这一政策——“追赃助饷”，即没收明朝官僚地主的家产充军。

造反初期，饥饿的农民靠暴力抢夺富户钱粮活命，称为“打粮”。建立襄京政权后，则发展为没收“贪污吏及豪强富室”家产做军费；对下层农民，则免征赋税。于是，一首“闯王来了不纳粮”，唱开了明皇朝的座座城关。

但大顺能取得辉煌胜利，也离不开官僚地主阶层的归顺。东征势如破竹，北京迅速攻克，均得益于官僚们望风而降。北京城中两三千官员，一时间“叛降如云”，“三面环观，曾有谁不降贼？”

大顺的措施，对于这些降者却如当头冷水。北京城中，被录用的官员大概只有十分之一，三品以上旧明高官尤其少。等待这些昔日贵人的，则是“追赃助饷”。仅权将军刘宗敏院里，就关押了上百人，包括首辅魏藻德、吏部尚书李遇知、兵部侍郎金之俊等前明高官，不乏被夹死者。就这样，崇祯皇帝求三拜四没能借出来的军饷，被永昌皇帝两根夹棍轻松搞定。

但这些官僚掌握着权力、人脉，其本身就是宝贵的智力资源。大顺原有的官员队伍，多为下层知识分子（如首席文臣牛金星，只是个举人）。与明廷高官相比，他们缺乏治国理政的经验和战略眼光。事实上，李自成和他的智囊，可能根本没意识到，清八旗军已经虎视眈眈。

当倾巢而出的八旗铁骑向关门集结时，大顺还在向湖广、四川和江南等地调兵遣将。山海关之战中，顺军大约只有六万，不足吴三桂和清军的一半，后果是灾难性的。

相比之下，清廷则高明得多。无论道德上如何抨击，洪承畴们的能力和眼光毋容置疑。清廷的眼线，一直密切注视着大顺军的动向。当清军高举着“报君父之仇”“剿贼”的旗号而来时，犹如釜底抽薪，刚刚归降大顺、经历“追赃助饷”的前明旧臣，在晋冀鲁豫各地纷纷掀起叛乱；京城易手后，被大顺拷打的前明官员们，不少换了发型，又开始为清廷的征服之路出谋划策。

李自成也曾试图补救。败退长安后，他废除了“追赃助饷”政策，但为时已晚。随着红衣大炮声中潼关的陷落，以及放弃湖广的错误举动，大顺一败再败。永昌二年，李自成的人生意外终结在九宫山。命运没有再给这位数次绝处逢生的乱世豪杰机会。

新生的大顺，就这样走向了毁灭。

张献忠

为何血洗四川？

从一个小小延安府捕快，到明末农民战争的二号角色，“西营八大王”曾声震天下、雄踞川蜀，而又以“屠蜀”之名令人色变。

2017 年 3 月，
四川省眉山市岷江河道内，
考古队员们踏上了
刚刚结束围堰抽水的泥泞河床，
一番清理后，
大批金银、珠宝、铳剑
从淤泥中重见天日，
“江口沉银”传说，得到证实。

这批宝藏的主人，
正是明末陕西农民大起义的
二号人物“西营八大王”，
曾声震天下、雄踞川蜀，
而又以“屠蜀”之名令人色变的
大西皇帝张献忠。

张献忠早年经历模糊，
很可能是陕西延安卫柳树涧堡人
（今陕西省定边县），
曾当过捕快，
据说也做过边军，
因犯法差点被处死，
幸而因长得不同凡响被上级看中，
只抽一顿鞭子了事，捡回一条命。

大概在崇祯三年（1630 年），
不堪同事欺压的
张献忠投入造反大军，
每每作战冲锋在前，
用自己的勇气和
官军浸满鲜血的头颅
赢得了伙伴的敬重，
成为“米脂十八寨”头领，
也成为官军围剿的重点对象。

崇祯六年（1633年），
转战山西的张献忠和李自成
一起参加了黄河突围。
逃出生天的农民军
转战河南、湖广、四川，
造反的“星星之火”顿时燎原，
明帝国的心腹被搅得地覆天翻。

焦头烂额的崇祯帝，
再次派重兵围剿堵截。
次年春，
张献忠等部四万人
退到陕西汉中，
误入山谷，
又赶上阴雨连绵，
被明朝官军包围。

张献忠的降表和银两，
瓦解了官军的斗志和警惕性。
白天，“投降”的造反者
和官军把酒言欢，
夜里，造反者就把官军收拾掉，
突围到陕西、河南，
大批饥民响应，
队伍蔓延数十里，
旌旗蔽空，明军不敢出击。

崇祯八年正月，
冲出河南的张献忠
伙同其他农民军领袖，
搞了个大新闻：
攻克朱元璋的老家中都凤阳，
火烧皇陵。

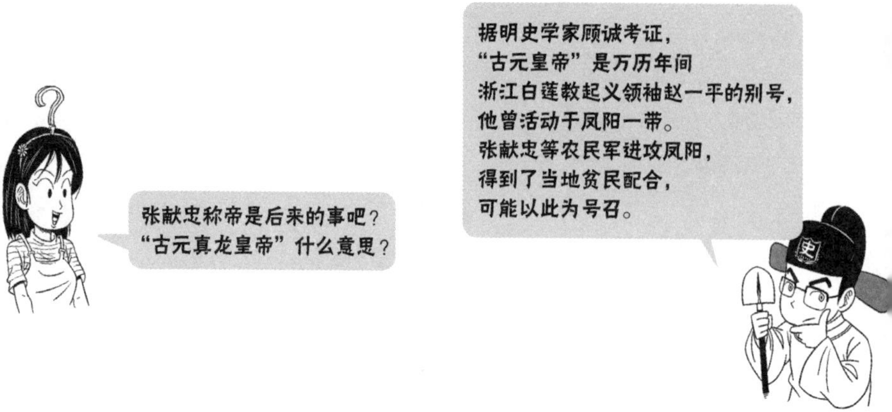

这份新年厚礼让崇祯帝惊恨交
他白衣素服哭告太庙。
这时，李自成等部也在西北搞
陕西饥民“从贼”者二百余万
抓狂的崇祯帝严旨
六个月内平定农民军。

明廷胡萝卜加大棒，
一面大赦降者，一面加紧围剿。
在陕西盩厔（今周至）马召原之战，
明军擒获了当时最强的造反领袖
“闯王”高迎祥，
农民军士气遭沉重打击。
不少曾和张献忠在汉中
并肩突围的头领，
都投降了，
张献忠却还在顽抗。

崇祯十年，
杨嗣昌任兵部尚书，
实施“四正六隅，
十面张网”围剿战略，
张献忠在河南南阳
被总兵左良玉打得大败受伤，
次年初退至湖广襄阳附近的谷城，
终于认输了。

然而受抚的张献忠，
却并没有解散队伍，
而是在谷城外白沙洲
盖房屯田、打造兵器，
强占地主田地，
与民众平买平卖，
还招揽读书人为军师，
和经常“敲打”他的
官府则矛盾重重。

清军进犯，打乱了明军围剿战略；
为支撑军费而增加的赋税，
则迫使更多农民倒向造反者。
同时，张献忠的不听话，
也让明廷很不爽。
崇祯十二年四月，
双方关系已十分紧张。

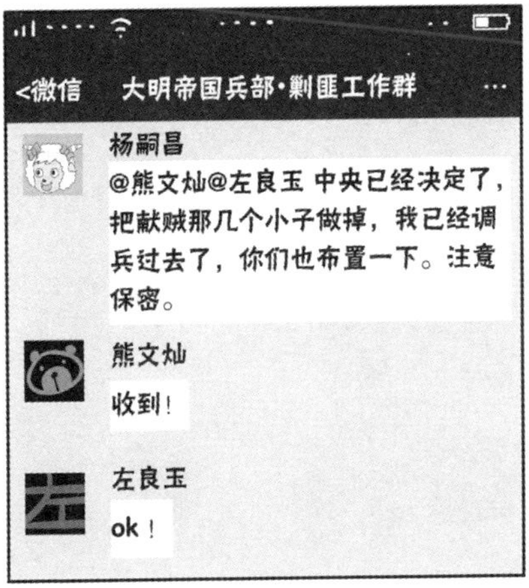

然而五月初九，
早有察觉的张献忠
却先发制人，攻占谷城，
随即与其他农民军合营。
离开谷城前，
他在墙上留下了一份
明朝官员向他索贿情况的
详细记录。

明总兵左良玉仓促追剿，
官军冒着酷暑饿着肚子作战，
张献忠等佯败两阵，
诱敌深入后掉头还击，
一场伏击战歼灭官军万余人，
左良玉的副将被杀、官印丢失
仓皇逃窜。

此时，张献忠部已成为
最有实力的农民军。
崇祯帝命杨嗣昌任督师，
赴湖广襄阳城，
左良玉为平贼将军统领诸将。
张献忠预感大战将至，
进入川陕交界山区。
杨嗣昌张告示缉捕张献忠，
张也针锋相对。

崇祯十三年二月，
左良玉在川东玛瑙山
（今四川万源市境内）
包围了张献忠。
农民军大败突围，
张献忠贴身宝刀被缴，
军师被俘。
但此战是左良玉违抗杨嗣昌
命令发动的，
引发了明官僚内斗。

张献忠见机，
主动挑拨左良玉与杨嗣昌的关系，
并与其他农民军会师入川，
打运动战引明军疲于奔命。
四川官军被打得溃不成军，
焦虑的杨嗣昌亲自入川督师，
左良玉却拒听调遣。

崇祯十四年二月初四夜，
杨嗣昌正“追击”农民军时，
“剿匪”指挥部襄阳城突然起火
——张献忠从四川长途奔袭，
伪装成明军，
用缴获的文书骗过守军，
攻克襄阳，救出军师，
活捉皇叔祖襄王。

大明东阁大学士·督师·杨嗣昌遗照

襄王之死给杨嗣昌当头一棒，
一个月前，
李自成刚攻破洛阳诛杀福王。
“剿贼”不力，两位王爷丧命，
标志着他的围剿战略彻底破产。
这位晚明重臣又惊又悲，一病不起，
一个月后病亡。

之后，张献忠转战豫皖一带。
由于他盛气凌人的性格，
不少曾与他联盟的农民军先后北上，
转而投奔日益强盛的李自成。
张献忠不甘人下，
尝试攻武昌，
结果受挫
还损失了军师，
进退两难。

不久，闯军南下，
明总兵左良玉溃逃，
而李自成为安定内部，
巩固襄京政权，
止步汉阳；
张献忠乘势翻盘，攻下武昌，
自称“大西王”，
建立政权，召开科举。
重视知识分子的他
还到黄鹤楼与文人们诗词唱和。

两个月后，
张献忠却几乎放弃武昌，
将主力和政权机构
南移到长沙、衡州，
攻取了湘赣一带，
有的明朝官吏闻风而逃。
着意招贤纳士的张献忠，
还试图
请衡阳名士王夫之出山。

崇祯十六年末，
张献忠再次放弃湖广，
逆长江而上，
次年水陆并进入川，
于六月攻克重庆。
他将重庆降卒的右手
全部砍去后放走，
降卒所过之处，
四川军民为之心惊胆裂，
两个月后，成都被攻陷。

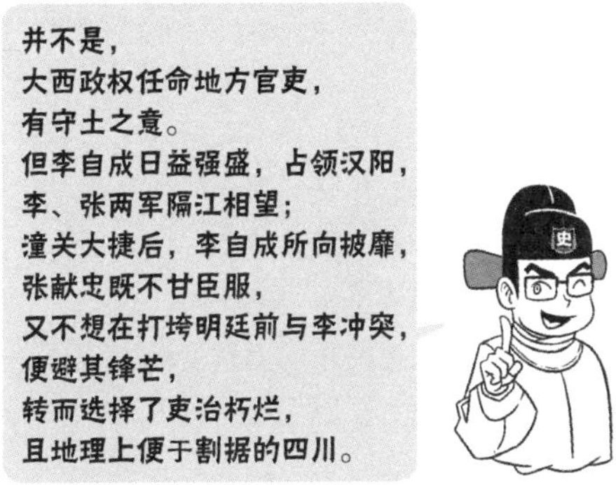

入川之初，
张献忠曾尊奉大顺为正统，
行永昌年号，受封秦王。
但他进军成都时，
部分顺军入川，
被西军赶回汉中；
两大农民军公开决裂。
恼怒的张献忠索性
北上进攻汉中，
又被顺军击退。
而此时，清军业已入关。

和大顺撕破脸皮后，张献忠称帝，
改成都为西京，国号大西，年号大顺。
他一方面追求帝王的享受，
在婚礼上架起高过城墙的大桥，
用珠宝锦缎装饰；
一方面也难改旧习，嫌恶繁文缛节。

张献忠入川之初，
曾大量网罗当地知识分子。
但建国一年，
就处死一位丞相、四位尚书，
甚至将其剥皮，
以草填充成标本陈列街头；
有时还将剥去一半皮的活人
赶出城自生自灭。

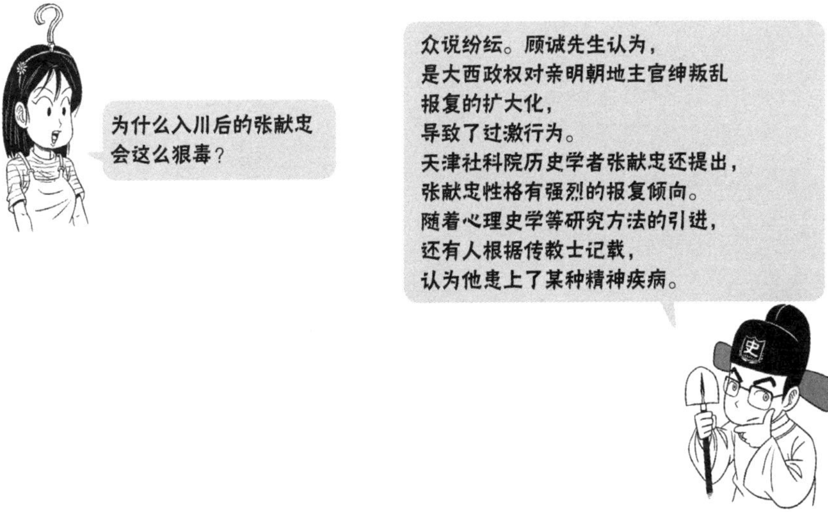

对待百姓，张献忠也不手软。
为避免敌人派遣间谍，
大西政权管理城市极端严苛，
派遣密探四处侦听，
夜间禁止点灯火。
农村难以控制，
大西军就将农民都赶入城中，
拒不入城者则遭到屠杀。
传教士曾记录这等惨景：

倒行逆施终致恶果，
川东、川南逐渐落入
南明和地方武装手中，
农民自发反抗，
一些部将北上投清。
大顺三年八月，
张献忠焚毁成都撤离，
在彭山江口水战中大败，
大批金银沉入浩浩岷江。

大顺三年（1646 年）
十一月二十七日，
张献忠被鳌拜所部清军突袭
射杀于四川西充凤凰山。
大西皇帝就此丧命，
他的义子孙可望、李定国等
后来都成为活跃于
明清战场上的风云人物。

读者有话说

丁丁

张献忠屠川是确有其事，这点无法洗白。以前人们认同农民起义，于是就将四川人被屠全都说是清军干的，张献忠屠川是统治阶级污蔑。但是，能证明张献忠屠川的史料很多，不仅有清官方的，还有民间地方志以及西方传教士的记载等中立的史料。现在史学界不少人把四川人口恐怖式地下降大部分归罪到张献忠头上，这当然是不公允的。以事实而论，张献忠的疯狂屠杀主要是在其已处于战争劣势导致心态失衡的情况下发生的，而且张献忠并未能控制四川全境，同时期的清军同样也在滥杀。所以，四川人口大规模下降是多方暴行的结果，既不能把张献忠洗白，也不能把账都算在他头上。

胡欣宇

张献忠这个人，心理变态。李自成就没像张献忠那样嗜杀。不过，张献忠的几个干儿子，尤其是李定国，最后却成了明朝的股肱之臣，封爵晋王。而张献忠的这支部队，也成为明朝最后的依靠力量。永历政权灭亡后，李定国带领的这支部队很多人誓死不肯投降清朝，就在缅甸定居，形成了现在的“果敢族”。

蓝十字

关于地域歧视那段，我觉得是极有可能的。想想刘备入蜀之后，蜀汉高层很大精力都用在了平衡内部关系上。刘备原班人马的北方派系、荆襄派系、打汉中收服的派系、四川本土派系……四川的地理环境决定了外来政权必须面临一个内部整合的大问题。以刘备诸葛亮法正之能，尚且如履薄冰，张献忠这么个杀痞进到川蜀，也只能通过暴力来稳固地位了。

百战

张献忠屠四川是绝对真实的。从江口沉银出土的文物就可窥知一二。现在不过发掘了遗址的30%，出土的耳环、手镯、戒指等平民用物，超过数万件，各式各样，都没有重熔，可见其多么肆无忌惮。

毋忘在莒

明末清初四川人口锐减，除了屠杀之外还有一个重要因素，那就是逃亡。一个地方成为几方势力反复拉锯的战场十几二十年，老百姓一定会逃难的，等和平局面再度形成，逃亡者很多也会重返家园。目前对湖广填四川的研究基本没怎么考虑这个问题。我是从家族史以及朋友家的家谱中发现这个问题值得深入研究。

关关的博客

对农民起义或土匪扰乱秩序，招安是很有效果的。历史上受招安的乱世枭雄大有人在，毕竟农民起义成千上万，真正成功或接近成功者不满十人。明朝招安手段不高明，既不让受招安的张献忠去打李自成等造反派，也不让张献忠脱离原来部队，而是让其长期保存实力，留下巨大隐患。对比清朝招安，效果差得很远。清朝招安的基本没有再次造反的，典型就是丁汝昌、刘铭传。明朝到了末期，崇祯远远不如慈禧有政治手段。

编后语

是什么，让张献忠如此疯狂？

清人彭遵泗在《蜀碧》中记载，张献忠早年曾经和父亲一起到四川内江贩枣，父子二人的驴子在一户缙绅家的石柱上拉屎撒尿，缙绅的仆人用鞭子抽打张父，令他用手把驴屎驴尿清理干净。年幼的张献忠敢怒不敢言，临走时发誓："我复来时，尽杀尔等，方泄我恨！"彭遵泗认为，这为后来的大屠杀埋下了伏笔。

不过，此说未必可信，张献忠一家不太可能从事商业。他是陕北柳树涧堡人，此地位于明朝防御河套蒙古族部落的一线。据此，历史学者彭勇推断，他是世袭军户或受军区管辖的百姓可能性较大。（《张献忠籍贯考辨——兼谈明代边疆地区户籍管理制度》）

史籍中有很多张献忠早年的小故事，有人说他是将门之后（《蜀碧》），也有人说他父亲是捕快和屠沽（《甲申朝小纪事》）；有人说他在洪承畴手下当过兵；有人说他曾在延绥镇总兵王威手下当差，犯军法被论死，总兵陈洪范看他长相雄伟，为之求情，得以赦免，后来张为陈洪范塑木雕像，念念不忘再生之恩（《后鉴录》《蜀碧》）。还有人说他曾经在私塾里打架，失手打死了同学，被父亲逐出家门后投奔马守应部农民军（《明季北略》）。不过，这些记载大多禁不起推敲，掺杂了很多想象与演绎。顾诚先生在《明末农民战争史》中认为，他应当出身于延安府捕快。

明末的柳树涧堡，一片凋敝惨淡。崇祯元年，三边总督与延绥巡抚、巡按联名上书，称天启元年来，军饷积欠一百五十余万，“千里黄沙，数万饥兵，食不果腹，衣不蔽体”（《崇祯长编》）。

这些走投无路的饥民，暴动之初只为一顿饱饭，并不会有长远的规划；当暴动演变为战争，血腥厮杀，更迫使人类展现出本性凶残的一面。但能做大做强者，总会有过人之处，绝不会是只知打家劫舍、杀人放火之徒。

张献忠，从一个小小延安府捕快，成长为明末农民战争的二号角色，自然懂些收服人心的道理。

他也曾“行仁义”。突袭襄阳后，他从襄王府中“发银五十万以赈饥民”（《明季北略》《怀陵流寇始终录》）。对明朝官员，也区别对待，曾给松江知府方岳贡修书，感叹：“使人人不爱钱如公，献忠如何自作贼？”（《明季北略》）起兵时还特意开城门放走方岳贡的兄弟。

他也懂知识分子的价值。张献忠粗通文墨，比李自成重用读书人早了两年，屯兵谷城时招揽了潘独鳌、徐以显两谋士；在称帝后，他还封西西里传教士利类思、葡萄牙传教士安文思为“天学国师”，询问欧洲情况。

可这位张献忠，在四川的所为却令人毛发倒竖。翻检《蜀难叙略》《蜀警录》等亲历者记叙，血腥与压抑穿过近四百年的时空扑面而来：

攻克重庆，张献忠将所有降卒的手剁去一只后放走，降卒逃窜所过，军民震骇。

攻克成都后，驱使官绅百姓全数入城，“凡在村寨者，尽捉赴城剁其手”。

在蜀王府，大搞“剥皮实草”，从蜀王府宗室开始，甚至扩大到自己手下军官。整张人皮被掺上石灰，以稻草填充，用竹竿撑起，陈列在王府前，“街之两旁夹道累累，列千百人”。

在洪雅，逃难者沈荀蔚途经止戈街，见到地上躺着数千具赤裸的尸体。

在川南各州县，西军驱赶下，“绅士入城，军民入村”，凡是住在山上或寨子里的人都被杀死。西军士兵按死者的手掌记功，各地军官衙门和成都城内，血淋淋的手掌堆积如山。

在顺庆，张献忠甚至将屠刀砍向自己的士卒，“大阅，尽杀川兵，不留一卒”。

此外，张献忠还派遣密探，城里如有人夜间违令点灯，或者说到“死败”“不稳”等词语，全家及邻里十户一并处斩；他还发明“小剥皮”法，将受刑者皮肤沿脊梁骨割破、揭开，搭在肩头，禁止亲友送饭，驱逐出城任其自生自灭……

雍正元年，嘉川人刘承莆为书作序，提及有无手老者，回忆当年惨状，“闻者莫不心胆堕地”（李馥荣《滟滪囊》雍正本，嘉川刘承莆序）。

是什么，让张献忠如此疯狂？

一、叛乱引发张献忠的地域歧视

大西政权入川之初，正是北方大顺军节节胜利之际，明朝大有瓦解之势，因而蜀中官绅对大西军的抵抗也并不激烈。故而张献忠也乐于接纳这些降者。建国称帝时，很多官员都是从四川士绅或在四川任职的明朝官员里选拔的，笼络的意图很明显。

但随后，北方陷入顺、清对峙；南明弘光朝廷建立后，无力北上，便着力西南，联络策反四川官绅。明弘光元年、西大顺二年春，南明军队攻占了重庆，大西政权遭遇重挫。

内外交困下，张献忠对四川籍官员心生怀疑。从被处决者数量和所受刑罚上看，四川籍官员的处境要比湖广或陕西出身者悲惨；败退途中，他甚至对四川籍士兵也大开杀戒，甚至有计划地“剿百姓”。农民阶层出身的张献忠，似乎开启了地域黑模式，将四川旧明官员的背叛，视同全体蜀人的背叛。

二、部分大西政权官员的责任

南直隶桐城人、左丞相汪兆龄对张献忠的屠杀起到了推波助澜的作用。此人大约是崇祯十四年为张献忠所得，后位居大西政权文官之首，曾向张献忠建议“尽行屠戮”，让四川盆地“有土无人”（《纪事略》）。张败死后，汪兆龄被孙可望、李定国等人挖心处死，首要罪状正是其“朝夕蛊惑”张献忠杀人。

史料有限，汪兆龄的具体动机不得而知。笔者妄加揣测，直到21世纪，人们也未能完全摆脱地域歧视的阴影；而人口流动性更差的17世纪，这更不足为奇。

三、根本原因：张献忠扭曲的性格和价值观

最终的答案，终究要到屠杀的决策人身上去寻找。

曾与张献忠长期联营的“曹操”罗汝才，因张献忠“好凌人”（《明末农民战争史料》引《兵部为塘报邓宛枣随等处贼情》），转而北上投奔李自成；大顺在山海关失败后，曾受封秦王的他不久就改元称帝。张献忠处决明宗室瑞王时，天降雷雨，他竟以炮击天，怒骂：“我杀人与天何涉？”（《蜀难叙略》）可见其性格中的桀骜与专断。

这种性格，加之征战生涯，让张献忠更加自负并迷信武力。他曾在屠杀中发出梦呓般的话语：“老子只需劲旅三千，便可横行天下，要这么多人作甚！”（《蜀难叙略》）甚至自称受王灵官（就是《西游记》里玉皇大帝的保安队长）所托“奉天杀人”（《蜀碧》）。

心理史学的引入，又为我们寻找原因打开了一扇新的窗口。张献忠早年就以作战勇猛著称，“临战辄先登，于是众服其勇”；据说在南阳被左良玉击败时，曾身中两箭一刀。这位“流寇”领袖，一定对人头落地见怪不怪，自己也曾经历过流血的伤痛和死亡的恐惧。按现代医学的说法，他很可能是一位创伤后应激障碍（PTSD）患者：经暴力、死亡带来的心理创伤后，出现暴力、杀戮的幻想。彭遵泗《蜀碧》记载，张献忠喜欢砍下女性的脚焚烧，如果这个记载属实，张献忠的行为显然是一种施虐癖的表现。

不论起因如何，张献忠的暴行，最终埋葬了自己。不断的屠杀激起不断的反抗，成都郊区的农民也拿起锄头“与贼为难”；一些杀到手软的西军士兵不堪内心谴责，上吊自杀。屠杀蔓延的恐惧，最终引发了将领刘进忠叛逃事件，加速了清军入川。

需要澄清的是，张献忠并非明末清初四川人口锐减的唯一祸首。

从明万历六年到清康熙前期，整个四川地区（包括今重庆）人口锐减，“合全蜀数千里内之人民，不及他省一县之众”（张献忠《张献忠屠蜀与清朝政治合法性之建构》，作者也叫张献忠）。而大西政权统治四川，只有两年多的时间，大部分时间内尤其是后期，统治区域仅局限于川西、川北。

由此，著名民族史学家任乃强认为，“杀于献忠者，十之一二而已”。民国时期学者萧一山则说：“满汉兵丁所杀，殆不下于献贼…… 殆成王败寇之公例，其实未必然耳。”屠杀亲历者欧阳直在《蜀警录》中称，明军杨展麾下士兵“发兵捕人，谓之人粮”；四川的“摇黄十三家”武装则以杀人“为戏乐”。清军更以屠城而著称，后来的“三藩”军也再次将战火烧到几成鬼域的天府。

综上所述，张献忠部、“摇黄十三家”武装、明军、清军以及三藩的部属，都在四川杀了不少人。清朝得了天下后，其统治的合法性是建立在所谓“为明复仇”的基础上的，所以，屠川事件只能由张献忠一方来背锅了。

当清廷定鼎、战火熄灭后，昔日的天府之国真真正正“归于平静”——康熙二十四年，偌大的四川只有约九万人口，以至老虎出没于成都街道。据说，战乱后的幸存者会在荒草荆棘中“捡到”白骨横陈的无人院落，川东方言里“捡院子”由此而来。清政府不得不迁徙两湖人口入川，即所谓“湖广填四川”。

离乱人不如太平犬。

多尔衮

为什么要剃发易服？

强迫全国汉族男性剃发，违令者杀无赦，强令全国汉族人改用满洲衣制，史称“剃发易服”。

崇德八年（1643，崇祯十六年），
清太宗皇太极驾崩，
他的弟弟多尔衮与堂弟济尔哈朗联合摄政，
拥立年仅 6 岁的皇九子福临继位，
改年号“顺治”。

多尔衮是努尔哈赤的第十四子，
与皇太极同父异母。
努尔哈赤死后，他本有机会继承汗位，
但由于母亲阿巴亥被迫殉葬，
15 岁的多尔衮不仅失去了上位的可能，
还留下了心理阴影，有了暴虐的倾向。

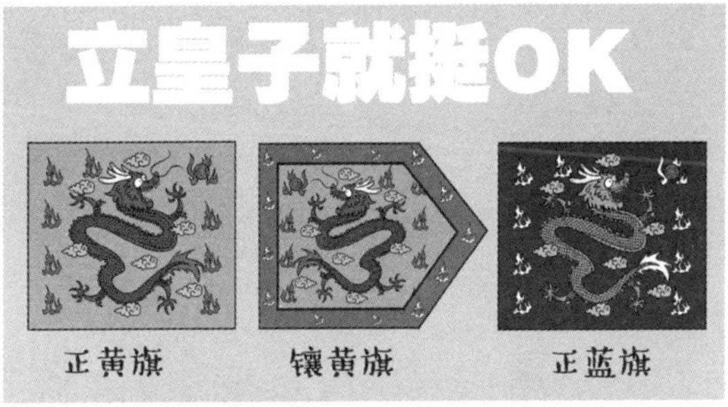

皇太极死后，
皇位之争爆发。
其中两黄旗、正蓝旗
主张立皇子，
两白旗支持多尔衮，
两红旗退出竞争，
镶蓝旗持观望态度。
各旗之间大有爆发内战之势。

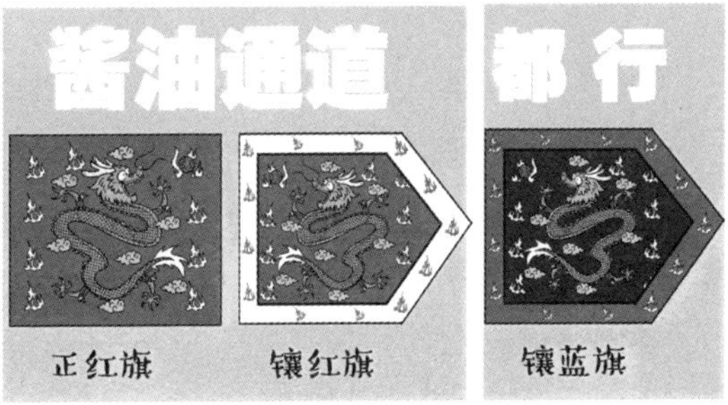

多尔衮采取以退为进的策略，
打压皇子中的实力派豪格，
扶持年幼的福临，
拉拢济尔哈朗联合摄政，
这样各旗就都没有意见。
不仅消弭了内乱，还得到了权柄。

坑爹呢这是！
豪格
大侄子息怒啊！

小爱提问
多尔衮为什么要立皇九子福临，而不立其他年幼的皇子呢？难道是因为与孝庄太后有暧昧关系吗？

史
因为福临的哥哥们生母地位都比较低下，弟弟们又年龄太幼小。

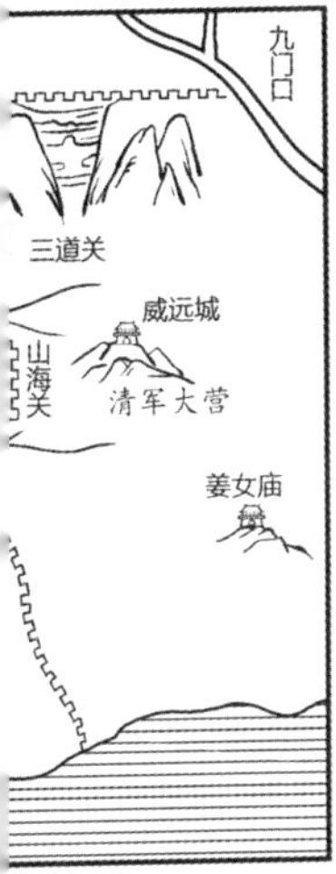

兵败山海关后，
李自成怒杀吴三桂全家，
并决定放弃北京，临走前焚毁紫禁城。
不久，多尔衮率领清军进入北京，
在幸存的武英殿接受明朝官员的朝拜。

入主北京的多尔衮，
并没有让胜利冲昏头脑。
他一面为崇祯帝发丧安葬，
一面极力笼络汉族士绅地主、
任用明朝官员、废除明朝苛政，
并且严禁清军骚扰百姓。

清朝一直以剃发结辫
为归顺的标志，
清军进北京以后，
多尔衮依旧强令剃发，
激起了全体汉族的反抗。
为了安定民心，
多尔衮做出让步，
免除剃发令。

由于多尔衮举措得当，
特别是对官绅地主招徕有方，
一定程度上改变了皇太极时代清军的
残暴形象，
使清朝得以迅速在北京地区立足，
为征服全国奠定了基础。

满洲贵族中，
有相当一部分人主张放弃北京，
返回辽东，
但是多尔衮决定迁都北京。
九月十九日，
福临一行抵达北京。
十月初一，
福临祭祀天地，
宣告入主中原。

南明弘光政权偏安江淮，
所以清军的首要目标是大顺。
多尔衮打着“为明帝复仇”的旗号，
号召汉族地主追剿农民军。
由于明朝降将反水，
大顺很快就丢失了山西。

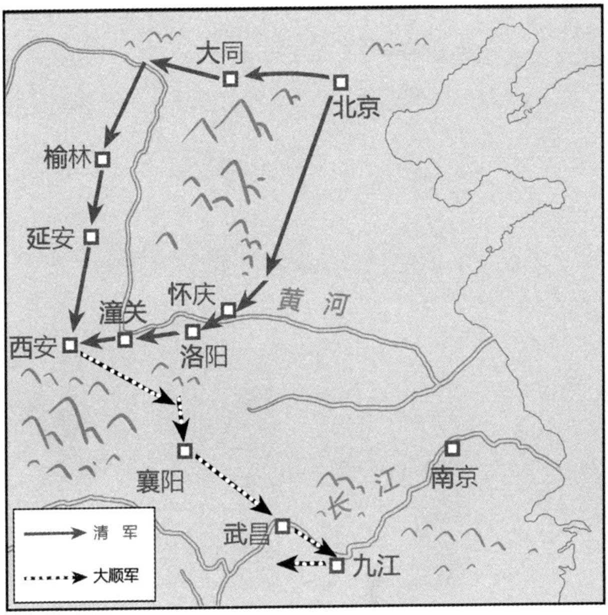

多尔衮派他的哥哥阿济格
从山西进攻陕北、
弟弟多铎攻打潼关。
潼关失守后，
大顺被迫放弃西北，
向湖北撤退。
顺治二年（1645）初，
两路清军会师西安。

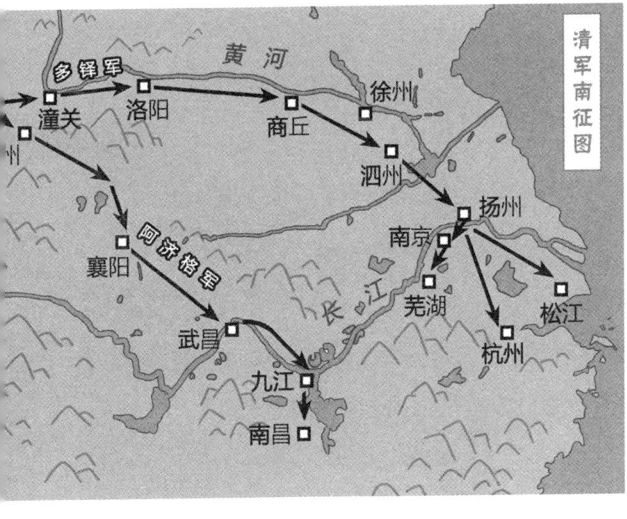

随后，
阿济格继续追击大顺军，
多铎转而进攻南明。
到五月，
李自成在湖北九宫山遇害，
弘光政权土崩瓦解，
清军进兵长江以南，
大半个中国被征服。

由于胜利来得太快太容易，
多尔衮完全错误地估计了形势，
以为天下已经平定，
于是征服者面貌顿时暴露，
开始推行民族压迫政策，
激起了汹涌澎湃的抗清运动。

从顺治二年（1645）四月
南征开始，
清军在各地大规模屠城立威，
对于抗拒不降的州县
一律屠戮，
一些汉族降将也积极参加屠杀。

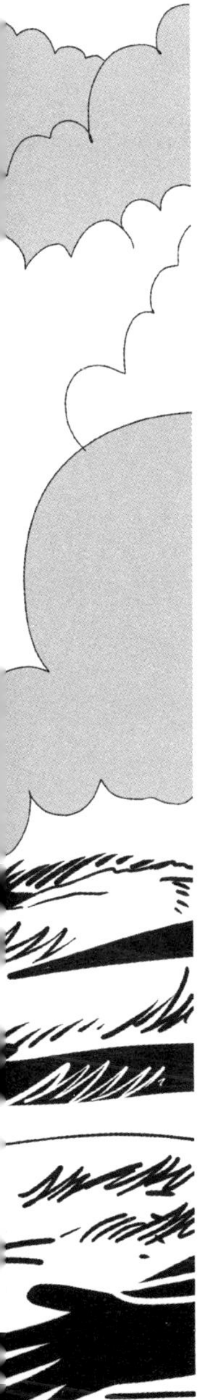

顺治二年（1645）六月，
多尔衮再次下令，
强迫全国汉族男性剃发，
违令者杀无赦。
七月，多尔衮又强令全国汉族
改用满洲衣制，
史称“剃发易服”。

剃发易服激发了汉族各阶层的反抗，
已经归附的州县纷纷揭竿而起，
自发反清。
其中首先举起义旗的，
是常州府下辖的一个小县城——江阴。

闰六月初二，江阴义民正式反清，
推举原任典史阎应元担负守城重任，
不久歼灭常州知府的三百兵丁。
多铎派降将刘良佐率数万军队包围江阴，
清军屡攻不克。

多铎又调遣多路清军，
并用红夷大炮攻城。
阎应元动员全城居民轮流守城。
由于孤立无援，
江阴城一直坚守到八月廿一日，
才因城墙轰塌而失守，
清兵屠城两日。

江阴八十一日

江阴城破后，百姓在街巷中血战到
妇女为守贞洁，纷纷投河自尽，
全城无一人投降，
最后仅有 53 人藏身古塔得以幸存。
江阴抗清运动，前后持续八十一日

抗清三公指明末率领江阴十万百姓抵抗清军的三位主要领导者：阎应元、陈明遇、冯厚敦。清政府颁布剃发令后，江阴（在今江苏）人民举行了反清起义，共推阎应元、陈明遇、冯厚敦为领袖，坚持“头可断，发决不可剃”的气节。

顺治元年十二月（1645 年初），
多尔衮为了解决
满洲人入关后的生计，
颁布圈地令，
允许满洲贵族、八旗官兵
在直隶地区（今京津冀）
大量掠夺汉人的土地。

由于满洲人不从事耕种，
为了解决劳动力问题，
多尔衮于顺治二年（1645）春
颁布投充法，
允许失去土地的汉人
投入满洲人门下充当农奴，
这导致大量汉人被掠为奴。

为了防止奴隶逃亡，
清廷推行“缉捕逃人法”，
严惩窝藏者。
圈地、投充、逃人法
给汉族带来无穷灾难，
也极大地影响了
清朝统治的稳定，
直到康熙帝亲政后
才被废除。

多尔衮权势熏天，
福临不得不称他为“皇父摄政王”。
顺治七年（1650）十二月初九，
多尔衮狩猎时坠马摔伤，
不治而死，时年39岁，
随后被福临追尊为皇帝，庙号成宗。

然而不久后，
福临（顺治皇帝）
联合多尔衮的政敌
开始清算其势力，
剥夺多尔衮一切殊荣，
并掘墓戮尸。
直到乾隆年间才得以平反，
重修坟茔，
并恢复睿亲王封号。

读者有话说

秉承待人

没有剃发易服的话，清朝至少提前20年统一全国，更不会陷入持久的内乱。反清复明，这个口号竟然响了260多年，在别的大一统朝代都是没有发生过的。

San · Antonio

在清军刚攻占北京城时，多尔衮碍于立足未稳不得不妥协，选择放弃剃发令。但当清军横扫中原之后，清廷统治者发现，即使有反抗，也可以强行推行剃发易服以达到其统治大江南北的根本目的。对江南诸城的屠戮与血洗，一方面是清军尚保存着类似于元朝的游牧野蛮气息，另一方面后期也确为部分降清官员的谄媚自保所利用，可悲可叹。朝代更迭无可厚非，历史车轮滚滚向前，但车轮之下，绝不应是平民的累累尸骸。

许克明

想到剃发易服，就想到森有礼和李鸿章那段关于脱亚入欧的服装西化论断。李鸿章得意扬扬地鄙视日本明治维新后抛弃传统服饰，全面穿西服。结果森有礼一句“200多年前贵国的改变服饰如何”，深深刺激了李鸿章作为汉族人的自尊心。

龙龙

多尔衮剃发易服可能还有一个原因，那就是通过形象的改变，彻底打击南明唐王桂王一系。头发不容易长起来，一旦剃掉，北方人想反清复明，形象方面就会大打折扣，让南明心存芥蒂。而南明想派人潜入北方，基本上无处藏身，一眼就能被认出身份。感觉这招真狠啊！

菲尼克斯

多尔衮如此残暴，偏偏成了辫子戏里经常出现的主角，其野史也被人津津乐道，真是悲哀。

饭否

八十日带发效忠表太祖十七朝人物，十万人同心死义留大明三百里江山！作为江阴人，自豪！

江山风雨情

正所谓："唱彻临江节士歌，歌声流愤满关河。从来为国捐躯者，总是聋丞醉尉多。"大明王朝走到最后，那些整天高叫取义成仁的士大夫们，却一个个头皮痒、水太凉，争先恐后地去媚上，而真正有骨气的，反而是阎应元、史可法、夏完淳、陈子龙、陈明遇那些平时默默无闻的人。可惜的是，尽管这些英雄为了大明流尽了自己的血，却挡不住范文程、宁完我等汉奸，更挡不住吴三桂、孔有德这样的"识时务者"！

寒霜

"冰冻三尺，非一日之寒"，如果没有剃发易服，清朝入主中原会更容易。可就算有这道剃发易服的法令，汉人老百姓还是接受了。因为相比清朝，明朝也不把老百姓当人看，对老百姓也不好。天下苦秦久矣，清朝入主中原不过是换了一个官老爷而已。

编后语

太后“下嫁”之谜

多尔衮短暂的一生中，最为后人津津乐道的，就是他与孝庄文皇后的关系问题。太后下嫁多尔衮，被列为清初三大疑案之首。

在这里，我们要首先介绍一下孝庄文皇后的生平。孝庄太后原名叫布木布泰，有时候译作本布泰，孝庄文皇后是她死后加封的谥号。

布木布泰姓博尔济吉特氏，是蒙古人。满语中的博尔济吉特，也就是蒙古语中的孛儿只斤。布木布泰出身蒙古科尔沁部，远祖是成吉思汗的同母弟弟拙赤合撒儿。她是科尔沁贝勒寨桑和次妃博礼的女儿。

科尔沁部是最早归降后金的蒙古部落，与后金汗室联姻，关系亲厚。皇太极最先娶了布木布泰的姑姑哲哲为大福晋。天命十年（1625），年仅 13 岁的布木布泰嫁给了 34 岁的皇太极，成为众福晋之一。后来，皇太极又娶了她姐姐海兰珠，从而形成了姑侄三人共侍一夫的婚姻状况。

皇太极称帝后，布木布泰被封为永福宫庄妃，她姐姐海兰珠为关睢宫宸妃，而姑姑哲哲成为正宫皇后，哲哲的谥号为孝端文皇后。布木布泰在永福宫只是侧妃，地位不算很高，比起姐姐宸妃来，恩宠也不算深厚。布木布泰为皇太极生了三女一子，儿子福临后来被拥立为顺治帝。

皇太极驾崩的时候，布木布泰才 30 岁，年轻守寡，儿子又被小叔子多尔衮拥立为帝。于是乎，民间野史就展开“合理”的联想，传言叔嫂通奸，乃至传言，布木布泰为了确保福临帝位的稳固，不惜正式下嫁给多尔衮。各种传闻固然绘声绘色，但是大都查无实据。

后世史家能够引为凭据，来推测此事的史实疑点，主要有以下五处：

其一，是多尔衮的“皇父摄政王”称号。随着多尔衮权势的膨胀，顺治帝对他的称呼从“叔父摄政王”提高为“皇叔父摄政王”。顺治五年以后，多尔衮始称“皇父摄政王”，这是明确见于官方记载的，如第一历史档案馆所藏的顺治年间档案的封皮上，就多有“皇父摄政王旨”的批红字样，从“皇叔父”到“皇父”，或许跟生母改嫁有关。

其二，张煌言的诗集中有《建夷宫词》十首，其中有这样的诗句：“上寿觞为合卺尊，慈宁宫里烂盈门。春宫昨进新仪注，大礼恭逢太后婚。”慈宁宫为孝庄太后寝宫，诗中讥讽太后的寿酒变成了婚礼合卺酒。这首诗写于顺治七年，是当时人写当时事，似有所据。

其三，当时北方少数民族的婚俗，仍然有原始的收继婚制旧习，兄娶弟媳，嫂嫁小叔，都是习以为常的事。比如皇太极的女儿就先嫁给了林丹汗的儿子额哲，额哲死后又嫁给了他弟弟。多尔衮害死侄儿豪格以后，还纳了他的福晋为妾。

其四，顺治八年二月二十二日，福临颁布《多尔衮撤出庙享诏》，诏书中揭露多尔衮的罪状，其中有一条是“又亲到皇宫院内”，随便乱闯宫禁，是严重违反礼制的行为。但是《清世祖实录》中提及多尔衮的罪状，却删去了这一条，大有为尊者讳的感觉。

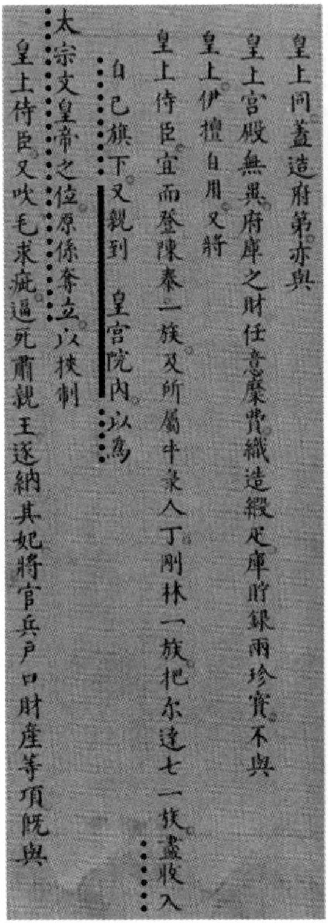
皇上同蓋造府第亦與
皇上宮殿無異府庫之財任意糜費織造緞疋庫貯銀兩珍寶不與
皇上伊擅自用又將
皇上侍臣宜而登陳泰一族及所屬牛彔人丁剛林一族把尔達七一族盡收入
自己旗下又親到 皇宮院內以為
太宗文皇帝之位原係奪立以挾制
皇上侍臣又吹毛求疵逼死肅親王遂納其妃將官兵户口財産等項既與

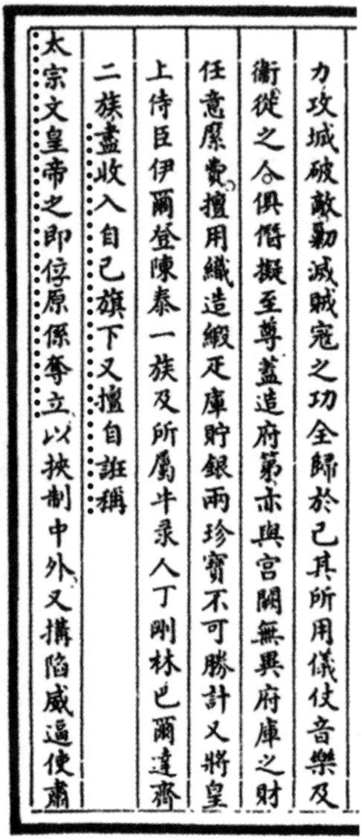
力攻城破敵勦滅賊寇之功全歸於己其所用儀仗音樂及
衛從之人俱僭擬至尊蓋造府第亦與宮闕無異府庫之財
任意糜費擅用織造緞疋庫貯銀兩珍寶不可勝計又將皇
上侍臣伊爾登陳泰一族及所屬牛彔人丁剛林巴爾達齊
二族盡收入自己旗下又擅自誑稱
太宗文皇帝之即位原係奪立以挾制中外又搆陷威逼使肅

左为《多尔衮撤出庙享诏》，右为《清世祖实录》，加实线为被删除文字，虚线为上下文其五，孝庄太后逝世后，按照惯例应该把灵柩运回关外，与皇太极合葬于昭陵。但是康熙帝却把她的灵柩暂时停厝在位于河北遵化的东陵，直到雍正二年才葬入东陵地宫。大概康熙帝受汉化程度较深，为祖母改嫁一事感到汗颜。

针对以上疑点，著名清史学家孟森先生提出了驳难。他认为，“皇父”称号乃古代国君尊臣之“尚父”“仲父”遗意，不能作为太后下嫁的确切凭据。张煌言是抗清义士，他的诗句有诋毁清廷的嫌疑。多尔衮“亲到皇宫院内”的罪状，可能是指他渎乱宫廷，并非指太后下嫁，而渎乱宫廷也未必就是与太后有染。孝庄太后不与皇太极合葬，是因为皇太极已经与孝端皇后合葬，第二个皇后不合葬的情况后代也有，比如孝惠章皇后、孝圣宪皇后、孝和睿皇后就都未与皇帝合葬。

孟森最后指出，清朝后代皇帝为尊者讳，可能篡改历史，但是朝鲜史书却不必隐讳，如果太后确实下嫁，必然颁诏朝鲜。朝鲜《李朝实录》中记载，朝鲜人对“皇父”称号不大理解，可见并不知道下嫁一事。

但是，学术界并不认同孟氏观点者大有人在，比如胡适就曾诘难，孟文“未能完全解释皇父之称的理由”，“终嫌皇父之称似不能视为仲父、尚父一例”。而且孟森只列举了清朝皇帝第二个皇后不合葬的惯例，并未解释孝庄太后的灵柩为何迟迟不下葬。这件疑案一直存在争议，未有定论。

洪承畴

功臣还是汉奸？

松锦大战是洪承畴一生的分水岭，在被清军俘获的关键时刻，他抛弃气节，选择投降，“有才无德，危害更大”，也是他后半生的注脚。

崇祯十五年（1642）春，
内外交困的崇祯帝惊闻噩耗，
在锦州一带与清军决战的
13 万明军全军覆没，
主帅洪承畴殉国。
崇祯帝悲痛之余，
下令开坛祭祀，
并亲撰悼文。

崇祯帝为洪承畴开设 16 座祭坛，
每七日祭一坛。
然而，当祭祀到第九坛时，
一个更加令人震惊的消息传来：
洪承畴其实并没有殉国，
而是已经变节降清。

注：崇祯帝还为洪承畴建造了一座祠堂，
位于北京正阳门东月台，得知洪承
畴降清后，祠堂改为观音庙。

洪承畴降清以前，
的确是明朝的一员能臣。
他是福建南安人，
出身望族，
24 岁就高中进士。
这一年，
努尔哈赤在辽东建国称汗；
而明朝灾荒频仍，
深陷统治危机。

洪承畴以刑部主事出仕，
循例升迁。
天启七年（1627），
35 岁的洪承畴
升任陕西督粮参政。
这一年，
陕西农民王二杀死知县，
揭开明末农民起义大幕；
同年皇太极继任
后金第二代大汗。

在严峻的形势下，
陕西官员一般难以久任，
而洪承畴却从镇压
农民军战场脱颖而出，
仅用四年时间，
就升任节制西北军务、
统辖四个巡抚的三边总督。

当时的封疆大吏，
通常主张招抚农民军；
而洪承畴则实施铁腕镇压，
不管降与不降一律屠戮。
虽然手段残酷，
但却能在短期内收到奇效。

与之形成对照的是主抚者的倒霉。
洪承畴的同年进士陈奇瑜，
本已将农民军压缩至汉中峡谷，
结果因为招抚而放虎归山，
农民军脱困后，
一路攻到凤阳，
挖开了明朝祖陵。

此后，洪承畴升任兵部尚书，
全面负责剿灭农民军。
但由于农民军流动作战，
使洪承畴疲于奔命，损失惨重。
另外，洪承畴还因军纪问题，
屡遭言官弹劾。

洪承畴与卢象昇、孙传庭并肩作战，
擒高迎祥，败李自成，
使农民起义陷入低潮。
然而，清军多次绕开辽西防线入塞，
严重威胁京师安全，
崇祯帝不得不急调洪承畴勤王。

由于辽西明军威胁清军后方，
且清军绕开辽西入塞路途太远，
无法在关内立足，
所以清军每次入塞
只是烧杀抢掠一番，
并不解决根本问题，
因此清廷决定重回辽西，
死磕关宁锦防线。

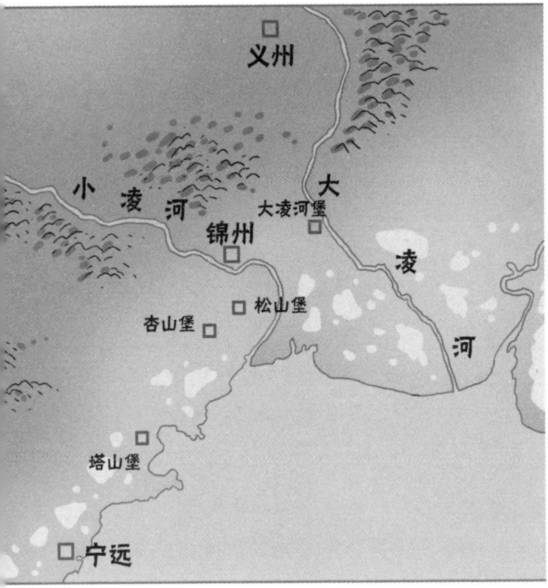

其中锦州是明朝抵御清军的第一道防线。为了守卫锦州，明朝在其周边建造了大凌河堡、松山堡、杏山堡、塔山堡等一系列要塞。明军依托这些城堡，与清军长期对峙。

崇祯四年（1631，天聪五年），
后金军围困大凌河堡 3 个月，
拔除了这座要塞，
击溃了明朝援军，
使锦州直接暴露在后金面前。
这也是后金（清）
多年来在辽西的唯一胜果。

崇祯十三年（1640，崇德五年）春，
清军在锦州以北的义州（今义县）
屯田驻兵，
并抢割锦州周边的
粮食、阻挠明朝人耕种。
不久，
清军轮班围困锦州，
锦州城内粮草告急。

由于清军使用离间计，
城中的蒙古人献出外城，
明军只得退守锦州内城，
并向明廷告急。
崇祯帝命蓟辽总督洪承畴
统率吴三桂等八位总兵，
共 13 万大军驰援锦州。

洪承畴考虑到明军不善野战，
不敢冒进，
于是将大军驻扎在宁远，
并派出前哨精兵窥探
锦州方向的虚实。
不久，
前哨明军与清军发生交锋，
初战获胜。

在明廷内部，
兵部尚书陈新甲等京官认为“兵多饷艰”，
主张速战速决。
崇祯帝一开始赞同洪承畴的持重方案，
但后来又接受陈新甲等人的建议，
传旨催战。

洪承畴迫于旨意，
只得下令出战。
明清两军为争夺锦州城南的
战略要地乳峰山多次交战后，
洪承畴抓住战机，
击退清军 60 里，
使清军“围点打援”战术破产

无奈之下，
皇太极扶病亲征，
从明军营寨的薄弱处实施切割，
把13万明军团团围在松山堡内，
并夺取了明军粮草。
洪承畴召开军事会议，
多数将领主张突围南逃。

由于总兵王朴提前逃窜，
明军大乱，自相践踏。
清军趁势追击，
将明军分割包围在松山、
杏山、塔山各城。
洪承畴突围失败，退守松山。
混乱中，一支明军突袭御营，
险些擒杀皇太极。

注：吴三桂、王朴突围后逃入杏山堡。几天后，二人率部出奔宁远，中途遭清军伏击，二人只身逃脱。事后，王朴被明廷斩决，吴三桂遭贬。

在接下来的 8 个月内，
清军逐一攻陷各城。
松山城破后，
洪承畴被俘，
皇太极下令将他
送回盛京（今沈阳）。
锦州守将祖大寿见解围无望，
献城投降。

松锦大战中，
明朝不仅痛失重镇锦州，
而且整个辽西防御体系土崩瓦解，
关外有生兵力损耗殆尽。
当战败的消息传回北京，
就出现了本回开头的那一幕。

洪承畴并非没有准备赴死，
他曾经绝食七天，
甚至引颈就刃而不屈，
但后来却发生了180度的逆转。
其中原因说法不一，
最离谱的
要数庄妃（后来的孝庄太后）色诱说。

清朝官方主张“太宗感化说”：
洪承畴从皇太极的礼贤下士和宽广胸怀中
看到了清朝成功的希望。
但这种说法明显美化皇太极，
而且当时明清胜负形势还不明朗。

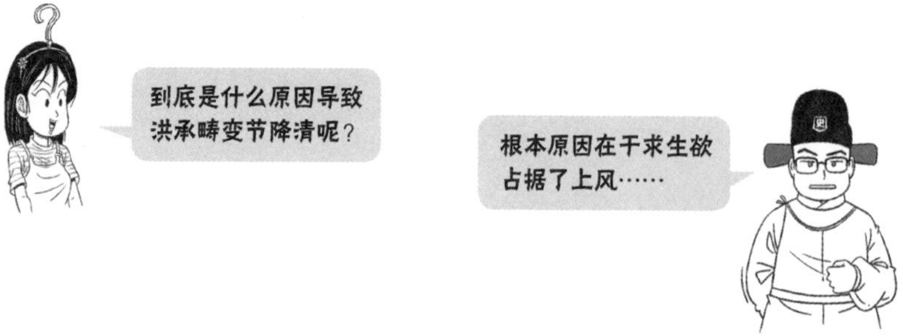

洪承畴被俘后，
最初是想做烈士的，
但是经历了几天痛苦的绝食之后，
贪生之念逐渐突破心理防线。
这一点，
可以从他与清朝重臣范文程的
谈话中看出。

洪承畴从被俘到投降，
经历了两个多月，
所以清廷对他心存疑忌，
并没有把他像其他归降明军一样，
编入八旗汉军，
而是编入皇太极直属的包衣牛录，
而且终太宗一朝，
未给洪承畴封官。

顺治元年（1644，崇祯十七年），
清军入关。
考虑到洪承畴在明军中的威望，
多尔衮恢复了他在明朝的原衔。
在洪承畴的协助下，
大顺麾下的原西北明军纷纷投降，
清军很快平定了山西、陕西。

清朝消灭南明弘光政权后，
下令剃发易服，
激起了汉人强烈反抗。
危急之中，
多尔衮令洪承畴招抚江南。
洪承畴到任后，
竭力缓和民族矛盾，
同时也杀害了大批明室忠臣。

福建的隆武政权反清运动声势浩大，
甚至计划五路反攻收复南京。
考虑到隆武帝依附于出身海盗的
郑氏父子，
洪承畴写信招降郑芝龙，
给隆武政权来了个釜底抽薪。

顺治帝亲政后，
西南永历政权再次掀起抗清高潮，
清廷内部甚至主张放弃南方七省，
与南明媾和。
面对危局，
洪承畴受命经略西南五省，
奔赴清军与永历政权
反复拉锯的长沙。

经过洪承畴的多年努力，
终于扭转了清朝在西南的
被动局面。
清军反攻在即之时，
洪承畴请辞回京。
不久，永历政权内部分裂，
清军席卷西南，
永历帝逃亡缅甸，
终被吴三桂杀害。

康熙四年（1665），
73岁的洪承畴在北京去世，
谥号"文襄"。
清廷最后给予他的爵位，
仅仅是一个微不足道的
三等阿达哈哈番
（汉名：轻车都尉）。

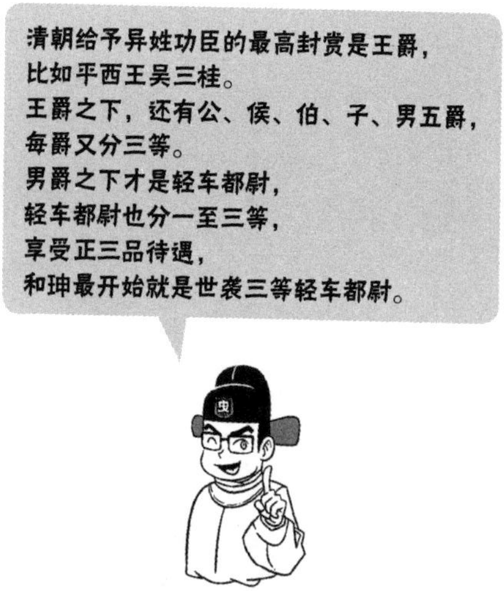

后来，
乾隆帝为了宣扬忠孝节义，
在表彰抗清殉国的
明朝官员的同时，
命国史馆编纂《贰臣传》，
记录那些变节官员的事迹，
洪承畴也名列其中。

读者有话说

San · Antonio

从民族大义讲，洪承畴必为叛汉助满之人，但从官僚身份来讲，洪承畴熟谙明哲保身之道。松锦之战确为洪承畴一生评价之转折点，前半生匡扶明室，后半生助清一统。我们不能忽视其安抚江南时挽救庶民的功劳，而扬州十日、嘉定三屠，并不是更好的历史选择。洪承畴没有得到更大的封爵，是好事，也是坏事。对于这种历史人物，要辩证地看待，不宜以黑白论而处之。

an4wers

毁誉参半洪承畴！松山一战，能怪他吗？投降皇太极又是为何？范文程看出了洪承畴的不想死，但他是否看出洪承畴对崇祯帝与十几年党争的失望与厌恶？虽然他残杀明朝忠臣，但对百姓却放下屠刀；半辈子杀了无数农民军，但最后的时光里他选择招安为主；说他数典忘祖，但要知道如果没有洪承畴，汉族千余年的文化、制度将会被清政权“剔除”。

曲线救国，是洪承畴后半生的愿景，明已不可救，但民亦可救。手握南方七省大权、深受顺治帝信任的他，在稳定南方后的请辞，是他最后的交代。他知道自己已被钉在耻辱柱上，但心中无悔。

江山风雨情

洪承畴是汉奸，这一点不可改变，也不容改变。但他真的是一开始就要投降吗？不是！松山一战，本来稳扎稳打、步步为营。按他的战略，对付不了清军，至少可以打平，但朝中那些队友不干，像陈新甲那样的，不知前线情况，哭着喊着求崇祯帝下旨让洪承畴出战，结果继萨尔浒后，大明在松山再次惨败，辽东将门二次反叛，洪承畴降清，有生力量全部被摧毁。当年的安史之乱，哥舒翰死守潼关，也是一帮队友逼他出战，结果潼关沦陷，明皇幸蜀。万幸的是还有郭子仪、李光弼等名将，保住了大唐。而大明的队友们却葬送了熊廷弼、袁崇焕、卢象昇等最后的支柱，逼反了祖大寿等辽东将士。

李涛

以前一直觉得崇祯是个好皇帝，只是被手下的大臣坑了。但看了铲史官的明清风云录后发现，好大喜功、沽名钓誉、外强中干的崇祯才是明朝灭亡的罪魁祸首，好大喜功才会被袁崇焕五年平辽忽悠，总是干预前线指挥，导致孙传庭、卢象昇战死沙场；沽名钓誉才会为了名声杀掉魏忠贤，导致东林党势力坐大，朝廷势力失衡，到后来自己谁都指挥不动；毫无坚持，毫无主见，经常被人一忽悠就改变主意，才会在国库空虚的时候明知钱财都被大臣们搜刮了，却不肯下狠手，只会哀求。综合来看，他不亡国才真怪了。

江兴泉

无论民族融合是被动的还是主动的，都不是那些在战争前当了叛徒的人的遮羞布，一个民族如果没有骨气被打断脊梁，就不会有融合，只会消亡。

编后语

充满争议的重臣

作为明清两朝的重臣，洪承畴充满了争议。但不可否认的是，此人确有才华，无论在明，还是在清，他都可以有相当的展现。

仕明时期，洪承畴剿灭农民起义军相当熟练，但和孙传庭不同，洪承畴的铁血手腕更加明显，控制部下和对付农民起义军都是如此。而据现代学者考察，洪承畴此时的政治势力，也已深入朝中。比如杨嗣昌，他可以想方设法地刁难孙传庭，但却对洪承畴礼遇有加，这不得不说是对洪承畴政治实力的一种忌惮。而纵观洪承畴的前半生，受崇祯皇帝的信任程度，比起袁崇焕和孙传庭高出太多。

松锦大战是洪承畴一生的分水岭，在此之前，他对明朝的忠心，以及他个人显示出的才能，都不容怀疑。洪承畴能够统率八总兵，而且在陈新甲强令出兵的情况下，还一度占据优势，也说明了这一点。能把事情做到这个地步的人，明末已经不多了。

但和袁崇焕、孙传庭、卢象昇等人的以死尽忠不同，更擅长政治手腕的洪承畴，显然明白“留得青山在，不愁没柴烧”的道理，所以在被清军俘获的关键时刻，他抛弃气节，选择投降，这也就造成了他后世的恶名，“有才无德，危害更大”，也是洪承畴后半生的注脚。

一般认为，在皇太极时期，清朝还没有坚定统一天下的心思，但这在清军入关后，成为眼前的目标。而对付广大的明朝故吏和人民，任用洪承畴显然是个好选择，他是明朝的重臣，故人遍天下，而且身为重臣，洪承畴对明朝情况的掌握也当属第一。由此，多尔衮和后来的顺治皇帝，开始重用洪承畴，但背后仍然少不了监视和牵制。

对于颇懂政治的洪承畴来说，此时的他，自然要发挥最大的价值，所以在对付南明的隆武、永历政权时，洪承畴多出其力，因此，有人将洪承畴誉为“开清第一功”。此外，洪承畴还想方设法化解了清朝统治者对他的各种不信任，直至善终，这种“官场不倒翁”，自然也是不多见的。

对于洪承畴的评价，后世多以贬斥为主，但其中是有变化的，在洪承畴生前，以及去世初期，清朝统治者对其评价还是较为肯定的。其原因莫过于，此时清朝的统治尚未稳固，需要想方设法让汉族知识分子服从。而将前朝重臣洪承畴树立为标杆，对他们多有助益。

当然，为了体现满洲贵族的优势地位，洪承畴的很多功劳也被抹杀了。直至洪承畴去世，他所得的不过是世袭三等轻车都尉，这和他的“功劳”显然不匹配。甚至在他死后，清廷给他立的碑文中，还有“蒙太宗皇帝宽恩抚育……尔图报豢养之恩”这样的轻蔑语句。

这种情况，到了乾隆时代又出现了不同，此时清朝的统治基本稳固，大力强调忠诚。由此，明末的一批忠臣，如孙传庭、卢象昇等人，地位上升。而洪承畴呢，其功劳则再次被降低，与祖大寿等降将被打入《贰臣传》。

乾隆帝在上谕中这样评述：

在思我朝开创之初，明末诸臣望风归附，如洪承畴以经略丧师，俘擒投顺；祖大寿以镇将惧祸，带城来投……盖开创大一统之规模，自不得不加之录用，以靖人心而明顺逆。

今事后平情而论，若而人者，皆以胜国臣僚，乃遭际时艰，不能为其主临危受命，辄复畏死幸生，靦颜降附，岂得复谓之完人？即或稍有片长足录，其瑕疵自不能掩……

此辈在《明史》既不容阑入，若于我朝国史，因其略有事迹，列名叙传，竟与开国时范文程、承平时李光地等之纯一无疵者毫无辨别，亦非所以昭褒贬之公……

朕思此等大节有亏之人，不能念其建有勋绩谅于生前，亦不因其尚有后人原于既死。今为准情酌理，自应于国史内另立《贰臣传》一门。将诸臣仕明，及仕本朝各事迹，据实直书，使不能纤微隐饰。

这种评价，基本维持到了民国初年，大致不变。如《清史稿》的评论：“国初诸大政，皆定自太祖、太宗朝。世谓承畴实成之，诬矣。”

但到了抗战开始后，汪精卫等人的投敌让国人感受到了忠诚的必要性。因此，历史上诸多贰臣遭到痛斥。至于有才无德的洪承畴，自然成为和汪精卫并列的汉奸，臭名远扬，直至今日，这种论断仍然不绝。

不知洪督师若泉下有知，是否会后悔当年投降的决定呢？

史可法

气节可嘉，才略可叹

官高任重，身系社稷安危，史可法在军国重务上决策几乎全部错误，对于弘光朝廷的土崩瓦解负有不可推卸的责任。

1944 年秋的一天晚上，
上海武康路上的
周佛海公馆突然失火。
虽然周佛海的家人没有伤亡，
但他收藏的“史可法绝命书”
却毁于大火之中。

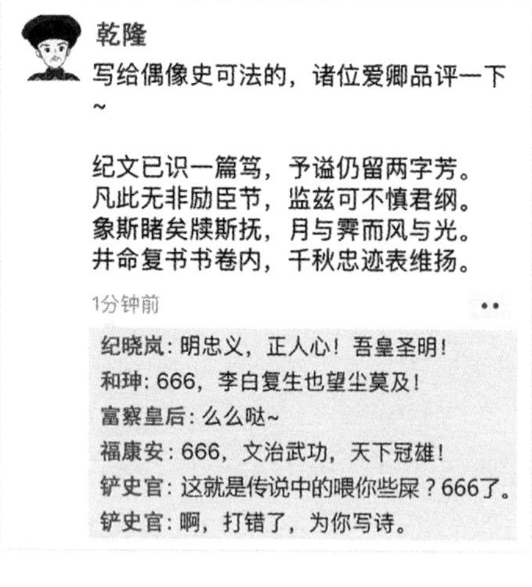
乾隆
写给偶像史可法的，诸位爱卿品评一下~

纪文已识一篇笃，予谥仍留两字芳。
凡此无非励臣节，监兹可不慎君纲。
象斯睹矣牍斯抚，月与霁而风与光。
井命复书书卷内，千秋忠迹表维扬。

1分钟前

纪晓岚：明忠义，正人心！吾皇圣明！
和珅：666，李白复生也望尘莫及！
富察皇后：么么哒~
福康安：666，文治武功，天下冠雄！
铲史官：这就是传说中的喂你些屎？666了。
铲史官：啊，打错了，为你写诗。

令人啼笑皆非的是，
大汉奸周佛海居然收藏
南明抗清志士的绝命书，
其中有何心曲不得而知，
但绝命书上面还有
大清弹幕之王乾隆的题诗，
的确价值不菲。

明神宗万历三十年（1602）
十一月初四寅时，
史可法生于开封府祥符县
（今开封祥符区）。
史家因祖上有功
得以世袭锦衣百户，
所以史可法出生就是
锦衣卫籍（北京户口）。

虽是军户，
但史家经常“短衣无火”，
家境贫困。
据《顺天府志》载——

概括起来简单一句话，
就是少年史可法人丑话不多，
但胸怀大志。

在那个时代，
穷苦人家的孩子改变命运的
唯一出路是读书。
多年以后，
史可法回忆 17 岁那年，
为了应秀才试，
一个月只睡了七夜整觉。

尽管如此努力，
依然没有考上秀才。
十九岁那年，
史可法决定北漂，
交不起房租没关系，
在京城的古寺借宿，
读书读累了就趴在案头睡。

和《聊斋》中情节不一样，
半夜来的不是美丽的狐妖，
而是北直隶的提学
（教育厅长）左光斗，
那夜风雪急，
路过的左光斗凑巧进寺避雪。

史可法很幸运，遇到了赏识他的人。
据《国朝文汇》载，次年考秀才，
主考官是左光斗，
史可法交卷后，
左注视良久，面署第一。

考上了秀才并不能做官，
左光斗给史可法钱，
让他寄给父母用，
并让史可法住在自己的官邸，
继续读书。

七年后，即崇祯元年（1628），
27岁的史可法高中进士，
名列三甲第26名。
可惜左光斗看不到了，
因为早在三年前，
他就被魏忠贤杀死在锦衣卫的狱中。

「小红狼」部农民军

中进士后，史可法被授西安府推官
掌管该地的刑名诉讼。
当时洪承畴在陕西任参政（三把手
“平寇”有方，史可法效仿他，
平定了“小红狼”部的农民军。

三年后，史可法升任户部主事，
在户部待了五年后，
于崇祯八年（1635）
担任总理七省军务卢象昇的副使，
巡行安庆、池州等地，
正式拉开了对抗农民军的序幕。

史可法在安徽待了三年，
最后做到了安庐巡抚。
与各路农民军周旋期间，
能够体恤民情，
与士卒同甘共苦，
但并没有取得
有战略意义的大捷。

崇祯十二年（1639）夏，
史可法因岳父去世而离职。
27个月丧满后，
史可法被任命为
户部右侍郎
兼右佥都御史（正三品），
总管漕运（运输部长），
相当于降了一级。

水逆

当时凤阳总督讨农民军无功，
崇祯想换史可法去干，让诸臣讨论，
诸臣纷纷反对。
最后，马士英去做凤阳总督了。
直到两年后，
史可法才升任南京兵部尚书。

史可法

崇祯十七年（1644）三月十九日，
崇祯在煤山自缢。
因消息滞后，四月一日，
南京才听说李自成要打北京，
史可法想进京勤王，
便发布《甲申讨李贼布告天下檄》，
号召天下捐钱。

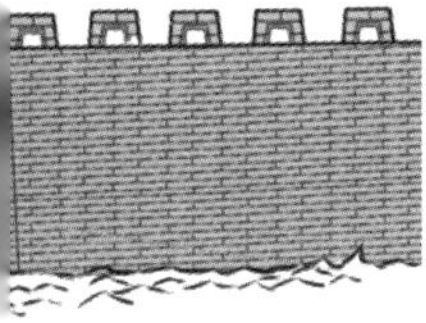

四月八日，有人逃到南京，
大家才知道北京陷落了，
崇祯“死社稷”了。
于南京诸臣而言，
当务之急便是立新君。
依据明太祖朱元璋定下来的
“父死子继，兄终弟及”的原则：

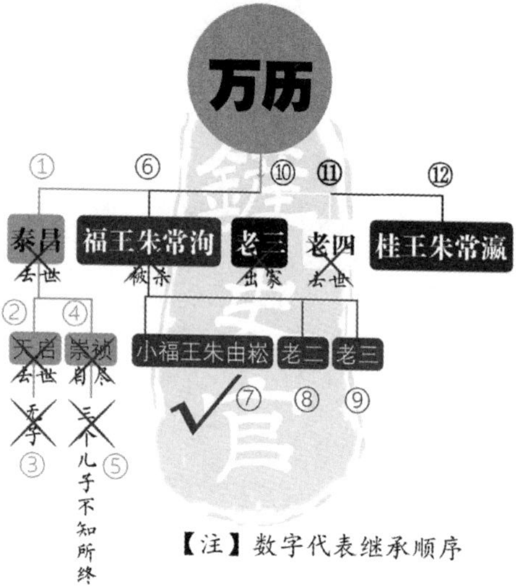

【注】数字代表继承顺序

按照这个顺序，
应该是小福王朱由崧继承。
但是小福王他奶奶是郑贵妃，
和东林有仇，
所以东林—复社党人反对立小福王，
主张立潞王（万历的侄子），
潞王都不在表上。

当时，小福王和潞王在淮安，
离南京很近。
史可法是东林党人左光斗的学生，
也不希望立小福王，
但觉得立潞王太扯了，
所以他想折中立远在广西的桂王。

史可法想和凤阳总督马士英商量，
希望得到军队的支持，
但马士英率领手下的几个总兵
在凤阳皇陵前拥立了小福王。

是谁在耳边说，
拥立曾有变。

五月初三，
小福王到南京就任监国（代皇帝）。
南京兵部尚书是百官之首，
史可法也就顺理成章升任内阁首辅了，
但马士英不服，
把史可法想立桂王的想法告诉了小福王。

无奈之下，
史可法自请改统率军队，
外出镇守淮安、扬州两地。
五月十五日，
小福王在武英殿即位，
以次年为弘光元年。
史可法入朝辞别，
被加封为太子太保，
改任兵部尚书。

在马士英和史可法等人
建议下，
弘光朝设立江北四镇，
分别由
刘泽清、刘良佐、
黄得功、高杰驻守。

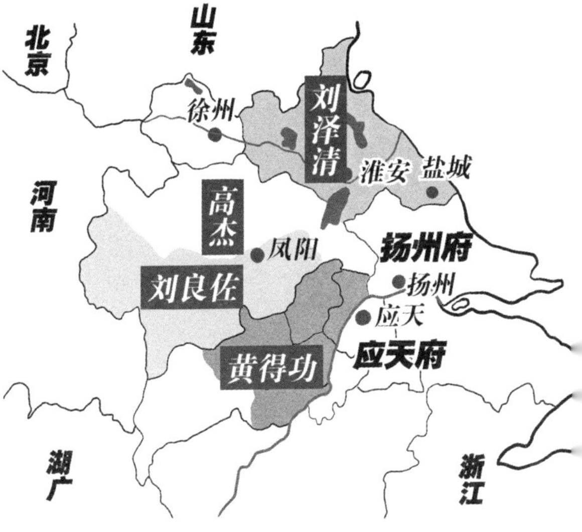

四月二十六日，多尔衮入主北京，
明末的主要矛盾已经从
阶级矛盾变为民族矛盾，
但史可法却没有认识到这一点，
反而主张——
借虏平寇！

弘光朝派使者
去和多尔衮谈判，
结果被扣留了。
当时弘光朝有少数官员
看出清廷以
为明“复仇”为号
推行灭明之策，
但史可法不改初衷，
仍然以农民军为主要敌人。

南明·御史·沈宸荃

御史双手一摊，
发现事情并不简单。

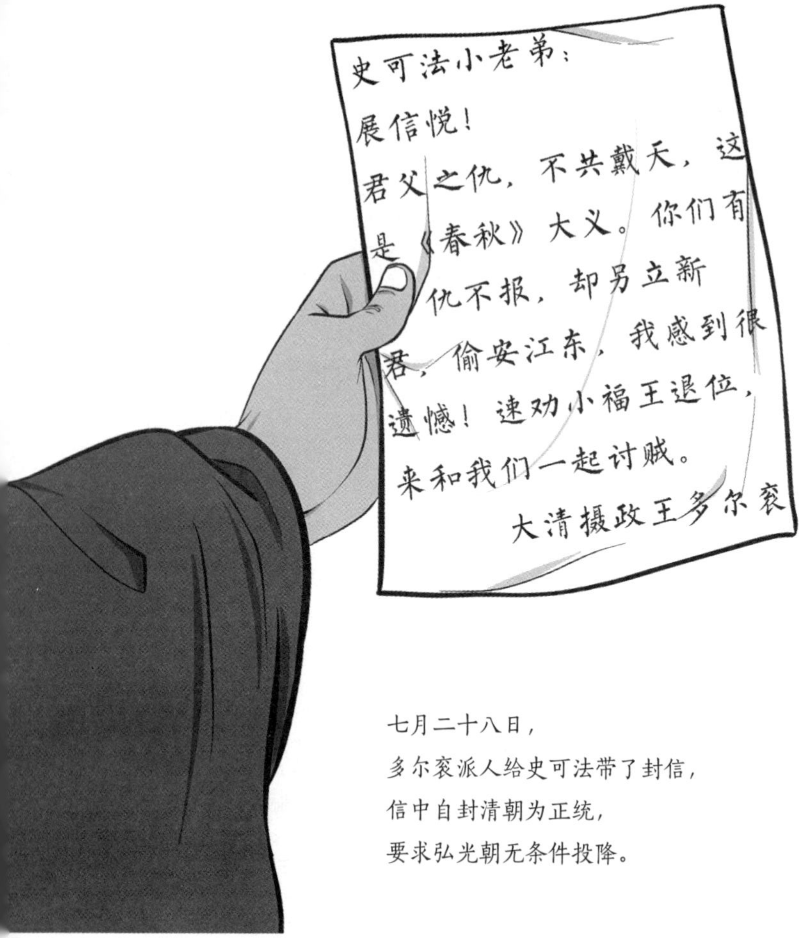

七月二十八日，
多尔衮派人给史可法带了封信，
信中自封清朝为正统，
要求弘光朝无条件投降。

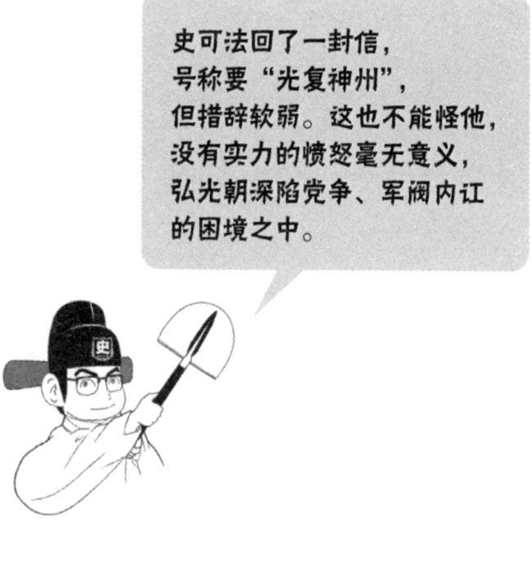

弘光元年（1645）初，
史可法亲自安排高杰
率军北上河南，
意图协助清军讨伐李自成。
正月十二日夜，
高杰到达睢州后，
被河南总兵许定国暗算，
史称“睢州之变”。

不久，
清军攻破潼关，
占领了陕西，
多尔衮布置清军南下，
一路势如破竹。
四月，
多铎兵围扬州，
于二十四日，
用红夷大炮攻城。

当时，扬州城里兵力相当薄弱。
史可法心灰意冷，
把军务交给部下处理。
入夜扬州城破，
史可法被擒住后，
拒绝投降而被杀。
江南烟雨朦胧，这雨，让我想起了……
跟左先生相识的那夜，是个下雪天。
往事如烟……奈何……唉……
史可法
1601年2月4日—1645年5月20日
再见了，大明。

清军占领扬州以后，
多铎以不听招降为由，
下令屠杀扬州百姓。
史可法遗体难以辨认，
不知下落，
一年后，
其义子将其衣冠
葬于扬州城。

编后语

史可法到底是一个什么样的人？

在后人眼中，史可法守扬州孤城，丹心抗节，以身殉国，充满了悲情色彩，几近于完人。

乾隆帝就认为史可法是“一代完人”，他在《钦定胜朝殉节诸臣录》中评价说：“至若史可法之支撑残局、力矢孤忠，终蹈一死以殉；又如刘宗周、黄道周等之立朝謇谔、抵触佥壬，及遭际时艰，临危授命：均足称一代完人，为褒扬所当及。”

到了晚清，革命党人为了排满，大力宣传此类汉族民族英雄人物，以期重新挖掘相关历史记忆为革命造势。当时革命刊物《江苏》评价史可法的扬州殉难：“史可法之死，非为朱氏死也，为尔民族死也。”

“尔民族”使“史可法之死”超越一家一氏王朝的意义上升至国家民族，但显而易见所谓“尔民族”是指“汉民族”，并非中华民族。不过，史可法形象已然朝现代意义转向，成为民族国家话语下的英雄人物。

“七七事变”爆发后，中华民族进入全面抗战时期。为唤醒民族意识，团结一切可以团结的力量共同抗日，史可法“民族英雄”记忆作为南明抗清记忆的重要组成部分，成为抗战时期的重要历史记忆资源。

当时，关于史可法才能记忆的建构主要侧重于崇祯、弘光朝的政绩与谏言；关于史可法人格记忆的建构，主要是称赞其清廉无私、勤劳刻苦与意志坚定等优良品质；史可法身份记忆的建构则被充分想象，联合各路义军主动抗清，他被整合成全民族各阶级的重要黏合剂（“借虏平寇”的主张忽略不提）。

一位长者，抗战时期在扬州念中学，亲历过这段历史建构。二十世纪八十年代末，长者会见美国总统尼克松时，特地提起了史可法，他说：“我是扬州人，扬州史可法祠有一副对联：‘数点梅花亡国泪，二分明月故臣心。’日本侵占时期，许多人去这个地方凭吊，以鼓舞抗日的志气。那时，我在扬州念中学，每星期都去，很受教育。中国人历来是讲民族气节的，是不畏强暴的。”

从乾隆到晚清革命党，到抗战时期的爱国人士，再到长者，他们重构史可法的历史记忆，各有其怀抱，而史可法的本来面貌却越来越模糊。那么，历史上的史可法到底是一个什么样的人？

一、行政水平不错，军事才能欠缺

青年时期的史可法，因为一次偶然的机会，得到了当时担任北直隶提学的左光斗的赏识，从而得以举秀才第一。左光斗死后，史可法先后考上了举人和进士，被吏部授予西安府推官，主政地方期间，颇有政绩，三年考满，以优等升任户部主事。

史可法与孙传庭的经历非常相似，都是“三甲赐同进士出身—地方官—户部—巡抚”。史可法在安徽三年，因为“平寇”逾期而获罪；而孙传庭带着崇祯给的六万两启动资金，四个月就组建出战斗力暴强的秦军，活擒了当时实力最强的“闯王”高迎祥。

史可法后来担任南京兵部尚书，管辖南京地区的49个卫所。从他上任到崇祯自缢，史可法在南京长达七八个月时间，坐拥江南的富饶之地，勤王之际居然因为没有军饷，号召天下臣民捐钱；而孙传庭在连年大旱的陕西，很快就筹集了军费，训练出一支军队。史可法作为兵部尚书，面对江北四镇的总兵跋扈自雄，驭将无能；而贺人龙为保存实力避战，孙传庭用计斩了他，还收编了他的部属。

没有对比就没有伤害，由此可窥史可法的军事素养。

二、气节可嘉，才略可叹

史可法清廉自守，督兵江左期间，其父母、妻子、弟弟等家人仍住在京畿。由于清兵多次向关内进犯，京畿受威胁，家人惶惶不安，多次提出想搬进京城去住。但史可法却无力多加支援，往往仅能寄家少量银子，最多的一次也不过是“银五十两”。不得已时，还在家书中交代妻子“可将首饰变卖用度”。

史可法与部下劳苦与共。每当行军时，兵士们不吃饱饭，他就不肯吃；兵士们没有穿上寒衣，他绝不先穿。平日里，下属对他的严格约束有时不免畏惧不安，但等到行军的日子久了，目睹史可法吃的是粗劣食物，睡的是地铺草垫，生活条件之差连普通士兵都难以忍受，部下们这才“相与感而泣下，愿为效死”。

与较为完美的个人品德相比，史可法的才略却有很大欠缺。

一是在拥立新君的关键时刻，没有当机立断，按照轮序拥立小福王，让几个总兵夺了定策之功，造成了后来的四镇拥兵自重的局面。其优柔寡断让他与弘光帝之间产生了嫌隙，又徒增东林—复社与阉党余流的党争。

二是多尔衮攻占北京后，弘光朝的主要对手已经不是李自成了，而是清军，而弘光朝定下的国策却是“借虏平寇”，虽然史可法不是一把手，但他和其他人一样都是这样主张。这个国策直接导致其自身的覆亡。

三是错失收复山东、河南的窗口期。当李自成西撤、清军在京修整时，山东、河南两省成为无主之地，弘光朝没有丝毫进取之心。史可法为了掩盖内心的怯弱，奏称粮饷不足，事实上，当时四个月就发了一年半的粮饷。

四是守城无方，导致扬州一天就被攻陷了。多铎兵围扬州，史可法“檄各镇援兵，无一至者”，让各地派援军，竟然没一个人来；部下想投降，史可法说“请各自便”，严重影响士气；多铎下令攻城前，史可法“自觉愦愦”，把军务交给幕僚处理。如此佛系的心态下，扬州城基本上没有组织什么抵抗。

综上所述，史可法的真实形象远比后世建构的更为复杂。顾诚先生在《南明史》一书中对史可法的评价很精到：

> 史可法一生只有两点值得肯定：一是他居官廉洁勤慎，二是在最后关头宁死不屈。至于他的整个政治生涯并不值得过分夸张。明清易代之际激于义而死义者多如牛毛，把史可法捧为巨星，无非是因为他官大；殊不知官高任重，身系社稷安危，史可法在军国重务上决策几乎全部错误，对于弘光朝廷的土崩瓦解负有不可推卸的责任。

历史之外，再说几句题外话。世人多有英雄情结，想象中的故事大多是这样的：一个贫困少年，勤奋好学，志存高远，在偶然的情形下得到了高人的赏识，并收他为弟子。后来高人含冤屈死，少年艺成之后，为恩师平反，并继承了恩师的志向，挽狂澜于既倒，扶大厦于将倾，为天下开太平。

而现实中的故事却是这样的：少年虽说品德无瑕，但志大才疏，年龄越大越颓废，慢慢地就变成了一个佛系中年。高人看走了眼哪！

钱谦益

未效屈子沉渊，只因水太凉？

虽然钱谦益很怕死，但跪迎清军并非因为他遭到了死亡的威胁。

顺治二年（1645）五月，
清军攻陷扬州后，进逼南京。
是月初十，弘光帝夜遁。
天亮后，
南京城内的官绅军民听闻
皇帝和首席大学士马士英出逃，
顿时乱成一锅粥。

事已至此，
柳如是拿了根绳子，
劝钱谦益自缢殉国。
钱谦益面露难色，
柳如是一怒之下，
冲出房门跳入院内水池中，
被丫鬟救起。

这事被后人江熙在《扫轨闲谈》中
编成一个段子，
清军兵临南京之际，
钱谦益遍告亲友，
欲效屈子沉渊之高节，
转悠了半天，探水曰：

当然这只是个段子，
但钱谦益跪迎确是事实。
据吴适《南都变略》，
五月十五日，
清军统帅多铎率主力
进至南京城外，
钱谦益尾随忻城伯赵之龙、
大学士王铎等人身后，
在郊外跪迎。

为了讨好多铎，
钱谦益随后干了三件事：

1. 献上几名江南美女。这几位女子本来是秀女，还没来得及送给弘光，清军就打来了，钱谦益就“借花献佛”了。

2. 献上一份礼单。数了一下，这份礼单上共有20样东西，主要是金壶、玉杯、金扇、象牙筷子等物件。

3. 亲赴军营，叩首阶下。当多铎征询进军方略时，钱谦益献上招谕之策——

钱谦益作为江南的士林领袖，
其跪迎清军的行为，
在当时就招到了不少骂名，
明末状元史惇在《恸余杂记》
中就编了个段子嘲讽钱谦益。

半炷香后……

哥再做个护理吗？
再办个3两的卡！
胡同口托尼总监

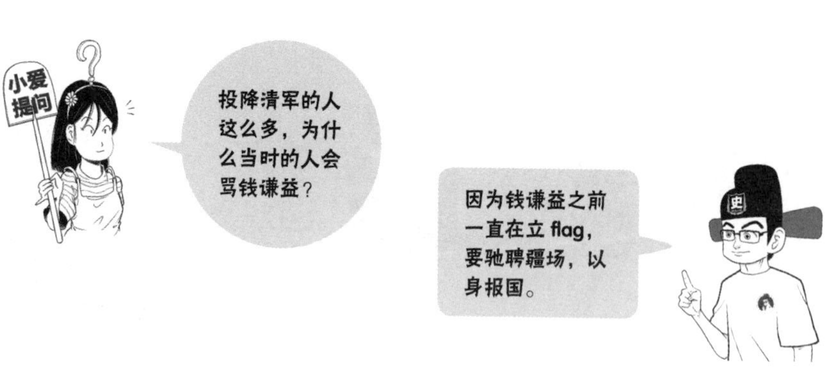
小爱提问
投降清军的人这么多，为什么当时的人会骂钱谦益？
因为钱谦益之前一直在立 flag，要驰聘疆场，以身报国。

崇祯十四年，
59 岁的钱谦益迎娶
23 岁的柳如是。
新婚之夜，
钱谦益没有一树梨花压海棠，
而是与柳如是
慢悠悠地谈兵说剑。

婚后，
钱谦益还带着柳如是去寻访南宋名将韩世忠与其爱妻梁红玉的遗迹。
在黄天荡之战中，
出身风尘的梁红玉冒着箭雨为韩世忠擂鼓，
击退金兵的十几次冲锋。

无论是新婚之夜谈兵说剑，
还是婚后以韩世忠自况，
钱谦益的意思都是在说要力抗清军。

结果清军一来，
他直接跪了。

对此，钱谦益的解释是——

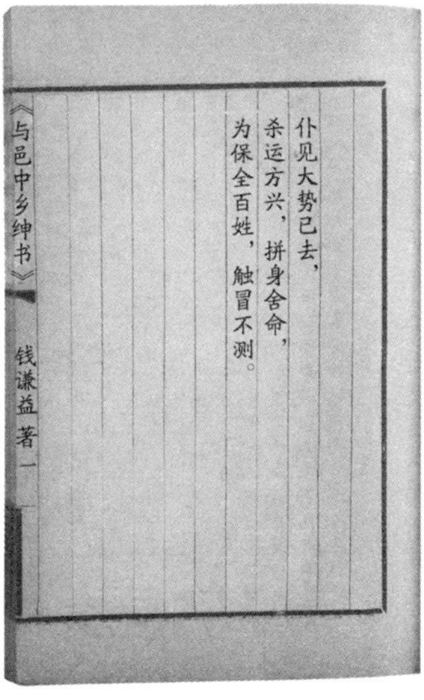
《与邑中乡绅书》
钱谦益 著
仆见大势已去，
杀运方兴，拼身舍命，
为保全百姓，触冒不测。

“不是我怕死，
而是为了避免像
扬州十日的人间惨剧
再次出现，
为了保全南京的无辜百姓。”
钱谦益一边派人
到苏州等地大贴布告，
一边写信给好友，
诉说自己的苦衷。

唯恐生灵涂炭，所以迎降。
钱谦益的自辩成立吗？
这涉及南京的军政制度。
依明永乐以后的两京制度，
在南京掌握实权的是南京兵部尚书、
南京守备勋臣、南京镇守太监。

南京权力结构表		
官职	人员	当时情况
南京兵部尚书	史可法	早已殉国
南京守备勋臣	忻城伯赵之龙	大张告示，宣布投降
南京镇守太监	韩赞周	城陷当日，自杀殉国

上表中的三个人，
才能决定南京是战是降。
其中史可法在扬州殉难，
太监韩赞周是崇祯的亲信，
在弘光登基后被弘光的亲信
太监卢九德架空。
所以，决定南京命运的人是——

由此可知，
钱谦益压根儿就没有
决定南京是战是降的权力，
套用赵七爷啧阿Q的一句话来说，
就是——

至此，我们可以得出——
跪迎清军只是钱谦益个人的事，
和保全南京百姓没有一毛钱关系。

既然跪迎清军
只是钱谦益个人的事，
那么是不是因为他怕死才投降？
钱谦益无疑畏死，
但不投降未必会死，
因为他还有一个选择，
做明朝的遗民。

明末四公子之一方以智反清，
顺治七年（1650）
清兵入广西桂林，
瞿式耜与张居正的曾孙张同敞
共同守城殉难，
方以智见反清事业无望，
便入山为僧。

在广西昭平县仙回乡的山中
做明朝遗民的方以智，
后来被清兵搜出。
清帅马蛟麟反复逼降无效，
便听任方以智为僧。

至此，我们可以得出——
虽然钱谦益很怕死，
但跪迎清军并非因为他
遭到了死亡的威胁。

那么，钱谦益为什么要跪迎清军？
这得从他的身世和性情说起。
万历十年（1582）九月二十六日，
钱谦益生于
苏州常熟城东宾汤门内坊桥西。

钱谦益的祖父、叔祖父
都是进士，
钱家可以说是
诗礼簪缨之族。
少年时期的钱谦益
聪慧绝伦，
读书过目不忘，
被家族期以
入阁拜相之望。

在祖父的带领下，
13 岁的钱谦益也曾去无锡
拜会后来成为
东林领袖的顾宪成，
这是他和东林最初的渊源。

万历三十八年（1610），
28 岁的钱谦益高中探花，
得授翰林院编修，
从此踏上仕途。
但他仕途并不平坦，
四起四落。

【注】根据儒家传统的孝道观念，朝廷官员在位期间，如若父母去世，则无论此人任何官何职，从得知丧事的那一天起，必须辞官回到祖籍，为父母守制二十七个月，这叫丁忧。

第一落是丁忧。
在他中探花的同年，父亲去世，
按照惯例，钱谦益离职服丧三年。
三年期满后，
东林的死对头齐、楚、浙党把持朝政，
钱谦益长期得不到补官，
在家闲居 10 年。

第二落是遭牵连。
万历四十八年，
钱谦益才得以还朝补官。
次年，
40岁的钱谦益前往浙江任乡试主考官，
这场科考出现舞弊，
钱谦益不得以引疾告归，
再次返回家乡常熟。

第三落是党争。
天启改元后，东林党重新执政，
钱谦益被召回京城
赴任原官翰林院编修，
不久，阉党反扑，他被劾罢，
又一次返乡回籍。

《水浒》中宋江曾给108将排座次。你琢磨琢磨，给东林排排座次。
厂公高见！
魏忠贤
左副都御史
王绍徽
那个钱谦益，听说喜欢逛窑子，排什么座次合适？
依属下看，天巧星适合他，对应浪子燕青。
浪必摧之……
哈哈哈哈哈……

第四落是入阁失败。
到了崇祯朝，
钱谦益因文坛盟主的声誉
而列入被推荐的阁臣名单，
不料他的对手温体仁
以浙闱旧事攻击他，
引诱泛东林系的人上疏为
钱谦益喊冤，
导致崇祯怀疑钱谦益结党。

仕途不畅让钱谦益反而
更加热衷于功名，
以致到了南明弘光朝，
不惜谄事马士英
和阉党余孽阮大铖，
终于换来了礼部尚书
这个职缺。

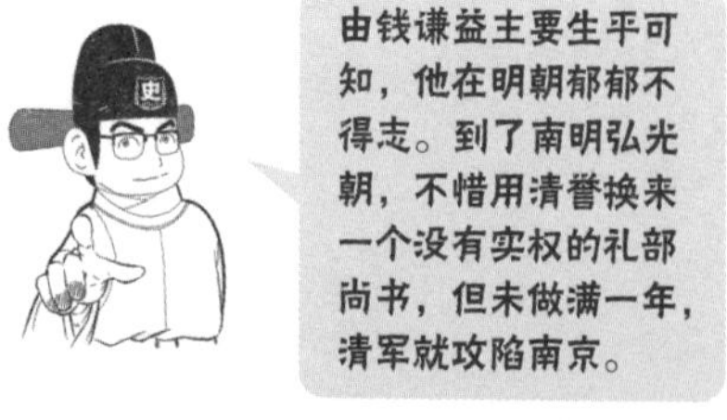

当时清廷为了笼络人心，
对归顺的明朝旧臣都委以官职，
这对于几经沉浮，
好不容易才捞到礼部尚书之位的
钱谦益来说，
无疑具有极大的诱惑力，
他是不会轻易放过这一机会的。

不久，钱谦益被清廷授予
秘书院学士兼礼部右侍郎，
充修《明史》副总裁。
但因为剃发易服的政策，
清军遭到长期的抵抗，
修史一事被搁浅。

钱谦益再次失望和后悔，
乞假告归，回到江南，
遭到世人的讥讽和唾骂。
付出了士大夫生命意识中
最为看重的忠孝名节后，
却一无所获，
于是又开始反清。

但不管怎么做，
都无法抹杀失节的事实，
钱谦益余生一直活在愧疚自责、
痛楚怨诽中。
顺治十八年（1661），
钱谦益80大寿，
乡里的子弟表示要为他做寿，
被他一口谢绝：

“只配与禽兽为伍”，
是暮年钱谦益对自身的评价。
无独有偶，
百余年后乾隆三十四年（1769），
乾隆皇帝连下四道圣旨批判钱谦益，
其中有言：

要说乾隆一生中最讨厌的人是谁，
那一定是钱谦益了。
乾隆在位60年，批判钱谦益29年，
共下了19道圣旨喷钱谦益，
巧合的是，
其措辞犹如诸葛亮骂王朗。

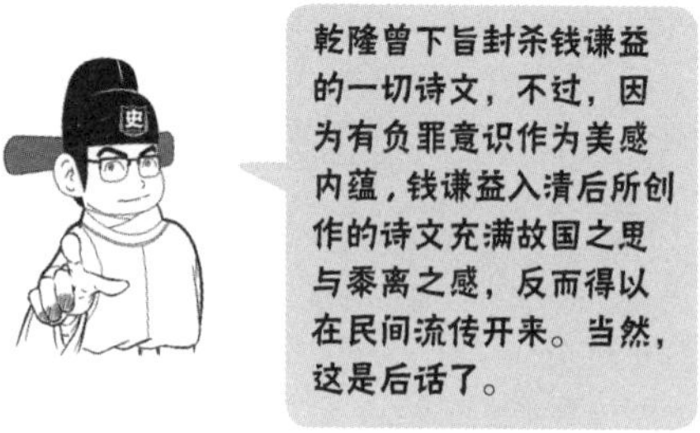

康熙三年（1664），
钱谦益去世，时年83岁。
回首生平，
他或许会记起不顾世俗礼教
迎娶柳如是的那个日子，
这是他生命中为数不多
值得称道的时刻。

编后语

一代史学巨匠为何给一风尘女子作传？

晚年的陈寅恪以目盲体衰之躯，费十年光阴作《钱柳因缘诗释证稿》(即《柳如是别传》)。一代史学巨匠在生命的最后十年，为何给一风尘女子作传？通过钱谦益晚年的沉浮，我们或许可窥一二缘由。这也是我们出这篇漫画的目的之一。

陈寅恪在《钱柳因缘诗释证稿》的第一章《缘起》中写道："寅恪少时家居江宁头条弄。是时海内尚称乂安，而识者知其将变，寅虽年在童幼，然亦有所感触，因欲纵观所未见之书，以释幽尤之思。"陈寅恪少时所观之书中，就有钱谦益的《初学集》，且深赏其"埋没英雄芳草地，耗磨岁序夕阳天。洞房清夜秋灯里，共检庄周说剑篇"之句。

这四句诗出自钱谦益的《秋夕燕誉堂话旧事有感》，全诗为：

东虏游魂三十年，老夫双鬓更皤然。
追思贯酒论兵日，恰是凉风细雨前。
埋没英雄芳草地，耗磨岁序夕阳天。
洞房清夜秋灯里，共检庄周说剑篇。

该诗作于崇祯十四年（1641），即明亡之前三年，此年钱柳结缡。柳如是虽为风尘中人，交游中却不乏陈子龙这样的热血之士，本是女中豪杰；而钱谦益此时虽已年近花甲，但亦喜与友人清夜置酒，明灯促坐，谈犁庭扫穴。故二人洞房花烛夜，不谈情爱而检辨说剑。

了解这层背景后，我们再来看陈寅恪的自述，就不难理解他为何将风雨飘摇的晚清称为“是时海内尚称乂安”（在《王观堂先生挽词并序》中，陈寅恪有“依稀廿载忆光宣，犹是开元全盛年”之句，也可以印证），并幽尤“其将变”。将明清易代与清末民初的鼎革相比，在一定程度上，陈寅恪是在以钱谦益自况。

在这个基础上，我们来看陈寅恪为柳如是作传的陈词：

> 虽然，披寻钱柳之篇什于残缺毁禁之余，往往窥见其孤怀遗恨，有可以令人感泣不能自已者焉。夫三户亡秦之志，九章哀郢之辞，即发自当日之士大夫，犹应珍惜引申，以表彰我民族独立之精神，自由之思想。
>
> 《钱柳因缘诗释证稿·缘起》

在此，陈寅恪将晚清革命党人结束帝制、缔造共和的行为譬喻成秦灭楚，并认为“三户亡秦之志，九章哀郢之辞”应该珍惜，以表彰我民族“独立之精神，自由之思想”。问题来了，终结帝制的辛亥革命，用孙中山先生的话来论定，不是“世界潮流，浩浩荡荡，顺之者昌，逆之者亡”吗，怎么在陈寅恪这里就成了秦灭楚呢？他个人怀念清朝的行为，怎么就是“独立之精神，自由之思想”呢？

要理解这一点，可以将时针拨回1927年。1927年6月，王国维在昆明湖自沉后，陈寅恪先撰七律一首《挽王静安先生》及一联悼念，后觉“意有未尽，故复赋长篇”《王观堂先生挽词并序》。越二年，清华大学国学研究院为纪念王国维在校园内立碑，陈寅恪撰《清华大学王观堂先生纪念碑铭》，其中有“独立之精神，自由之思想”一语。如果说王国维的自杀体现了一种自由，那么这究竟是一种什么样的自由？

陈寅恪在《王观堂先生挽词并序》中写道：“凡一种文化值衰落之时，为此文化所化之人，必感苦痛，其表现此文化之程量愈宏，则其受之苦痛愈甚；迨既达极深之度，殆非出于自杀无以求一己之心安而义尽也。吾中国文化之定义，具于白虎通三纲六纪之说，其意义为抽象理想最高之境，犹希腊柏拉图之所谓 Idea 者。若以君臣之纲言之，君为李煜亦期之以刘秀；以朋友之纪言之，友为郦寄亦待之以鲍叔。其所殉之道，与所成之仁，均为抽象理想之通性，而非具体之一人一事。”

概而言之，陈寅恪认为王国维之死是殉中国文化，中国文化的定义，具于白虎通三纲六纪之说（《三纲六纪》出自《白虎通德论》卷七，三纲即君为臣纲，父为子纲，夫为妻纲）。在《王观堂先生挽词并序》的语脉中，这段话无疑意味着陈寅恪以殉君臣之伦来理解王国维之死。

如果说王国维殉君臣之伦的行为体现了一种自由，那么如何理解君臣之伦（乃至三纲中的夫妇、父子等当事双方并不对等的人伦）与这种自由的关系？陈寅恪晚年为什么又会去探思这种伦理自由？陈寅恪去世后，随即发生的那一出让无数父子反目、夫妻成仇的大事件或许可以作为注脚。

无论如何，陈寅恪所说的“独立之精神，自由之思想”被后人长期误解，至少是片面理解——仅仅在消极自由或反思自由的层次上理解。陈寅恪抵达的深度，远不止于这个层面。如何用现代以来出现的自由观念对五伦（君臣、父子、兄弟、夫妇、朋友）进行规范性重构，仍是我们应当面对的时代议题。在此基础上去探讨钱谦益晚年的忏悔、乾隆力批钱谦益、王国维之死、陈寅恪燃脂暝写柳如是四个事件，也会有更多的意趣。

李定国

最后给明朝撑场的“流寇”之子

如果不以成败论英雄，在明清之际各方面的人物当中，李定国是光彩四耀的一颗巨星，其他任何人都无从望其项背。

1902 年 4 月，
革命党人和留日学生
在东京举行
“亡国二百四十二周年纪念会”，
章太炎负责起草
《宣告书》，
其言称——

明天启元年（1621），
李定国生于陕西榆林
一个农民家庭。
明末陕西连年大旱，
他的童年应该是在
饥荒中度过的。

王朝末世，
底层的灾民只有两条路：
一是安心做个饿死鬼，
二是奋臂抄家伙起事。
据王夫之《永历实录》，
李定国十岁时
参加了张献忠的农民军。

在战争中，
李定国成长为
一个骁勇超逸的
少年将军。
每次作战都一马当先，
战斗力猛、机动性强，
人称“小尉迟”。

据《爝火录》记载，
李定国喜欢临水顾影。
像古希腊的美少年
纳喀索斯（Narkissos）那样，
内心颇为自负。
因为气度不凡，
他被张献忠收为义子。

17岁时的我们，
或许还在因为羞涩，
不敢向暗恋的女生表白，
而17岁的李定国已经
统率两万部卒，
随张献忠攻打河南和湖北了。

崇祯十四年（1641）初，
21岁的李定国持明军兵符，
以二十骑混入襄阳城，
里应外合攻破襄阳，
擒杀襄王朱翊铭，
夺取了督师杨嗣昌的
五省粮饷和兵器。

襄阳大捷是张献忠部
走向胜利的转折点。
三年后，
即崇祯十七年（*1644*）十一月，
张献忠攻下成都，
建立大西政权，
24 岁的李定国
因战功卓著被封为安西王。

是年五月初三，清军入据北京，
福王朱由崧在南京就任监国。
当时，清兵仅十余万人，
而明军则不下 *50* 万，
南明君臣主张“联虏平寇”，
使清军得以从容剿杀李自成的大顺军。

两年后，大西军北上抗清，
李定国率部与清军交战，
阵斩清军队长古朗阿、巴扬阿，
但是张献忠却不幸
在西充凤凰山被清军射伤，
死前留言：

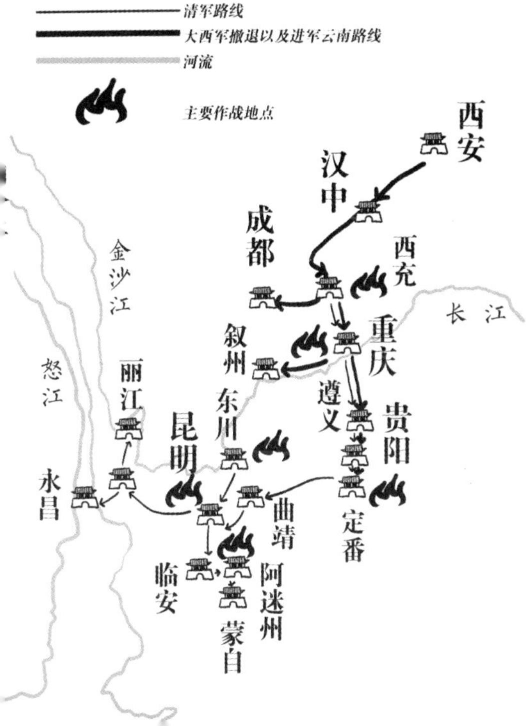

张献忠牺牲后，
孙可望、李定国、刘文秀、艾能奇
四王收集残部，急速南撤。
后有清军，
前有南明军队凭借长江天险扼守，
大西军似乎到了山穷水尽的地步。

然而柳暗花明又一村，
大西军击溃据守重庆的十余万明军，
横渡长江天险，由贵州进入云南。
当时云南正值土司沙定洲叛乱，
黔国公沐天波家破人亡。

平定云南之后，
大西军在云南恢复生产，
部卒很快扩大到20余万人。
李定国部属有5万人，
其中有一半是
彝、白、壮、傣等“洞蛮”。

注：“洞蛮”是旧社会对
南方少数民族的蔑称。

薪响事成

休养了一段时间后，
孙可望以李定国、刘文秀为先头，
武力收编了南明永历朝廷
残存的地方割据武装，
收复贵州全省及四川部分地区。

扎心了老铁

危险动作请勿模仿。

此时的南明，
历经弘光、隆武二朝，
在位的是永历帝朱由榔，
驻地在广西境内。
清朝定南王孔有德攻破桂林后，
永历只能依靠大西军
这唯一的一支抗清力量了。

清顺治九年（1652），
孙可望将永历帝接到贵州，
应允每年向永历送钱粮，
供皇室开销，
而永历授权孙可望
全权处理今后的大小战事。
至此，
大西军与永历政权的
联合抗清阵线正式建立。

是年六月，
李定国率步骑八万和五十头战象，
兵分三路，挥师桂林。
七月初四，
李定国部登云梯攻城，
清军守将定南王孔有德额头中箭，
随后自焚而死。

顺治

清·敬谨亲王·尼堪

两个月后，
李定国光复广西全境，
广东的清军极为恐慌。
努尔哈赤之孙、敬谨亲王尼堪闻讯，
率八旗精兵南下援湘，
十月底，
李定国率部进抵衡阳
（今湖南衡阳）。

不久，
双方在距离衡阳三十余里
遭遇，
尼堪骄心自用，
中了李定国诱敌深入之计，
陷入包围圈，
清军仓皇溃败，
尼堪死于混战之中。

衡阳大捷，
打破了八旗铁骑不可战胜的神话。
清廷上下神情沮丧，
南明的乡绅义士则欣喜若狂，
顿生北进中原、
光复山河之望。

然而，
就在李定国连杀清廷二王，
复地千里之时，
孙可望决定除掉李定国。
三天之内，
连续下书七道，
催李定国前去靖州
（湖南靖州）议事。

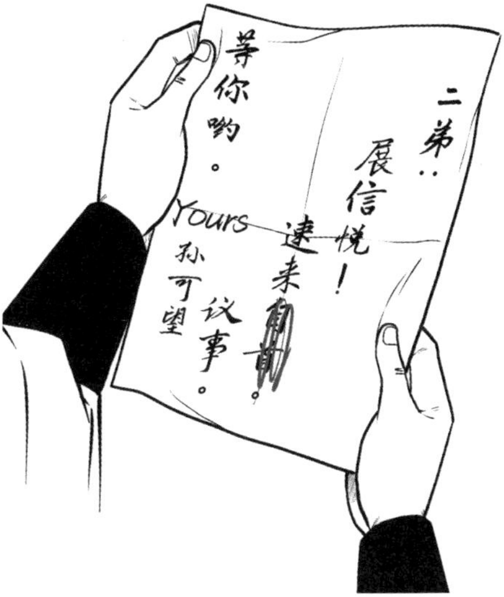

刘文秀之子不忍，
暗中派使者
告知李定国切勿前来。
李定国行至半路，
得到消息后不由愤慨，
为了顾全大局，
迫不得已离开湖南
赴广西全州。

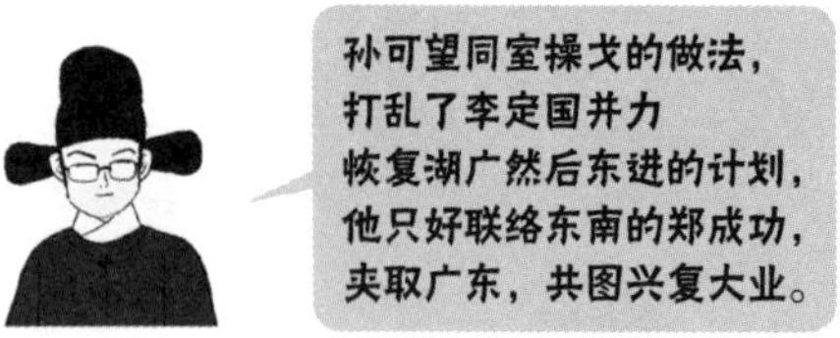

顺治十年（1653）二月，
李定国兵临广东肇庆城下，
架梯攻城，清兵据城顽抗，
城内外血流成河。
僵持之际，
尚可喜率部前来支援守城的清兵。

强攻肇庆不果，
郑成功的援军却杳无音信，
李定国决定主动撤回广西。
次年初，
李定国再约郑成功
共取广东的门户新会。
临行时，
李定国召集诸将说：

监听缸

守城时，守军将水缸埋入地下，
在缸口蒙皮，
在缸旁听音来判断敌人是否有挖地道。

李定国经广东灵山，
取廉州府，
下高州、雷州，
一路势如破竹，直奔新会。
十月十四日，攻城开始，
农民军采用炮击、
掘地道、伐木填壕等战术
均被击退，
连攻两月，未能奏效。

十二月初十，
清将朱马喇率铁骑来援，
会同尚可喜、耿继茂二藩的士卒，
在城外展开反攻。
郑成功援军连个影子都看不到，
南明军全线溃败。
李定国撤到南宁时，
身边仅剩下 6000 人。
从此，
匡复两粤的宏图化为泡影。

放鸽子

骚操作

此时孙可望自封国主，
永历帝也受他逼胁，
李定国将永历迎至昆明。
孙可望恼羞成怒，
率军攻打李定国，
谁知部将纷纷倒戈。
失败后孙可望降清，
并献出云贵地图和军事部署。

顺治十六年（1659）二月，
吴三桂率大军过怒江，
逼腾越（今云南腾冲）。
李定国在磨盘山的羊肠小道设伏，
意图出奇制胜，
却因叛徒潜出告密，
功败垂成。

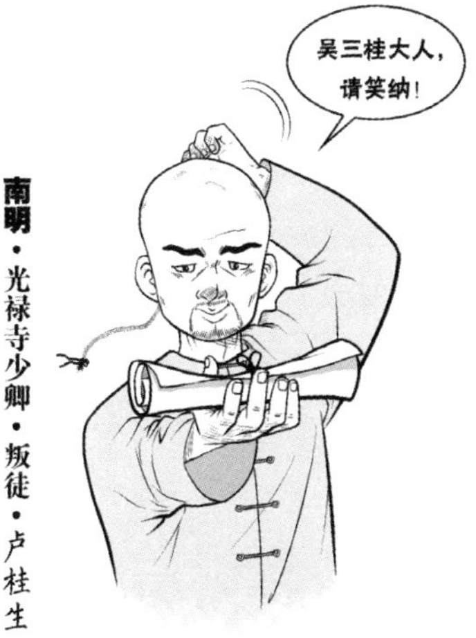

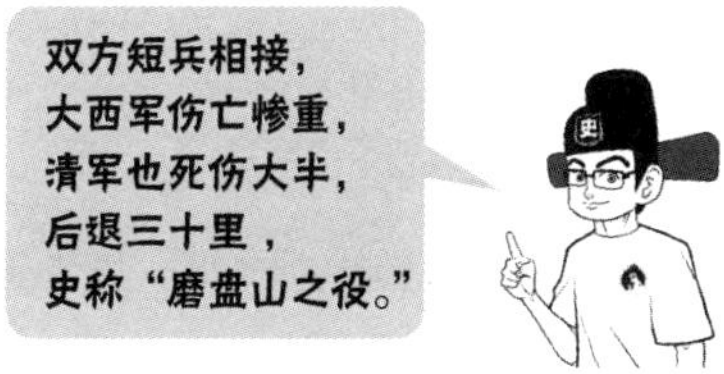

该战之后，
永历被迫进入缅甸。
顺治十八年（1661）底，
清军迫近缅甸，
缅甸国王向吴三桂献
永历父子。

李定国……
1621年6月11日—
1662年6月27日……
南明永历
抗清名将
两蹶名王

不久，
永历被绞杀的噩耗传来，
李定国悲叹大业不可为，
无以对天下万世。
忧病交加中，
他叮嘱儿子
“宁死荒徼，毋降也”。
一代豪杰，
赍志以殁。

读者有话说

远近不辍

孔有德无论是实力还是被清廷的器重度都远超吴、尚、耿三人，而尼堪可以说是多尔衮、多铎后的又一清廷柱国，因此李定国的两蹶名王意义多大就不言而喻了。更重要的是封建时代农民起义军和统治阶级结成战线联盟是极其罕见的，作为农民起义军他反抗明朝统治阶级压迫，作为南明大将他又抛弃前嫌，忠心耿耿，抵御外敌。因此，李定国这个军神在那种大环境下就更显出虽败犹荣的悲壮。顺便说一句，前一阵子某部“玛丽苏神剧”疯狂抹黑戏说李定国，足见国内影视剧的底线已跌至何种地步。

江山风雨情

作为南明最后的支柱，李晋王可以说尽了自己最大的努力。但遗憾的是尽管他两蹶名王，一度打到清军要疯，最后却功亏一篑。尤其是磨盘山血战，南明军队本来胜利在望，结果南明光禄寺少卿叛变，将明军的布置告知了吴三桂，导致整个作战计划全面失败，多位将领战死。至此，南明最后的努力化为乌有。晋王有心杀贼报国，奈何无力回天！

猫员外

“最怜日暮途穷后，犹有挥戈李晋王”，是西西弗斯的精神，苦撑将倾大厦。

又见春暝时

明末清初那个时候，满族对华夏来说确实是异族。历史需要客观看待，不能因为元史、清史现在是中国史的一部分就自动忽略他们当初对汉族的暴政。这与他们有没有资格入主中原无关。北魏孝文帝是鲜卑人，却没有奴役和屠杀汉族，而是虚心学习进行汉化改革，最终政治清明、国力强盛。而清廷剃发易服搞大屠杀开历史倒车，跟游牧民族落后的文化基因是分不开的。错了就是错了，没什么可洗的，洗了反而显得心虚。

老邓

南明史在中国历史长河中很偏门，今天的人们最熟悉的莫过于为扬州殉节的史可法，但李定国、刘体纯等一批将领，面对绝对优势的敌人，在极端穷困的地区坚持与清军周旋了二十余年，至死也未放下武器，他们以热血和生命谱写的反抗暴政的史诗所散发的光辉，个人以为不在史可法"复多尔衮书"之下。

普鲁士亲王

显然，天下板荡之时，忠臣方得以显现。从天启末年始，大明朝涌现了一大批希腊悲剧式的人物，或死战不降，或毁家纾难，或奔走筹措。然而此类大义之士，终抵不过大明这块金字招牌的褪色和腐蠹。无论他们如何竭忠尽智，终究被历史的车轮无情碾碎。然而，处风雨飘摇之中，尚不畏艰险、不惧一死、不辞劳苦地去做一件看似已经不可能的事，这就是中国传统的家国天下情怀。这种情怀，不当彼时，自是不能知、不能悟。站在城墙上遥望的罗马护国公埃提乌斯，手持长剑的拜占庭末代皇帝君士坦丁十一世，"二战"中抵抗德军到最后一刻的挪威国王哈康七世……此类人物，虽早已作古，但也许他们也曾抬头问苍天，也曾在寒夜中慨叹万千。虽然结果不一定相同，但终究无愧于天下。

"陛下负臣，臣不负陛下！"这是南明最后的忠臣自刎前的高呼。

编后语

愿吾国人，勿忘李定国

任何时代，没有一个人的道路是笔直的。有些岔道口，走错一步，足以影响一生。尤在明清易代之际，很多人的选择令人喟叹。然而，有一个人，关键时刻的每一步都问心无愧，一生都在自己的认知范围内顾全大局，他就是李定国。

李定国人生中的第一个岔道口是十岁的时候。王朝末世，摆在底层灾民面前的只有两条路：一是安做饿殍，二是奋臂起事。据王夫之《永历实录》，李定国“十岁为张献忠所掠”，明清士大夫向来瞧不起“流寇”出身的官员，王夫之应该是在为李定国“洗地”，但从李定国的后续表现来看，他应该是主动参加的，这体现了他反抗压迫的精神。

李定国人生中的第二个岔道口是张献忠兵败身死之后。面对清军和南明军队的夹击，他和大西军选择了联明抗清。当民族压迫代替阶级压迫上升到主要矛盾时，他能够洞悉大势，迅速调整战略方向。明朝养士三百年，而降清的士大夫如过江之鲫，最后给南明撑场面的却是“海盗”的儿子和“流寇”的儿子。

李定国人生中的第三个岔道口是遭到义兄孙可望猜忌的时候。为了避免出现同室操戈的局面，他选择去光复两粤，这种胸襟和器识非常人所能及，即便饱读圣贤书的史可法也因门户之见而主张不立小福王，从而导致弘光朝出现四镇跋扈自雄的局面。

李定国人生中的第四个岔道口是永历死后。反清复明的旗帜没了，他麾下的将兵亦所剩无几，英雄末路之际，面对清廷的招降，他也无动于衷。当然，李定国也有缺陷。在孙可望降清之后，他对旧日的战友们充满忌惮，甚至对义弟刘文秀也一样。

那么，应该如何评价李定国呢?

南明史大家顾诚在《南明史》一书中写道：“他的英名永远光照史册，激励后世的人民为反抗压迫和民族征服而献身。李定国的一生应该充分予以肯定，封建史籍的作者一般也给以赞许之词，但他们所赞许的是李定国后半生的‘改邪归正’，实际上李定国在明末是反抗封建压迫的英雄，清初是抗击满洲贵族武力征服和暴虐统治的杰出统帅。如果不以成败论英雄，在明清之际各方面的人物当中，他是光彩四耀的一颗巨星，其他任何人都无从望其项背。”

在此，顾诚批判了明末的暴政和清军的屠杀，肯定了李定国反抗压迫的精神。是以，我们今天追怀李定国，内心召唤的应该是一个没有阶级压迫和民族压迫的世界，而不是利用现实中或历史中的民族矛盾，驱赶本族本国人民为炮灰，奴役他族他国人民的大民族主义和帝国主义。

从明清易代的惨祸中，汉族应当认识到作为被征服者、被压迫者的自己，从而取得对被征服者、被压迫者的共情，而不是陶醉于作为东亚大陆的“天然”主人、理所应当地享受四方朝拜的自己。

就此而言，章太炎在20世纪初说的“愿吾滇人，毋忘李定国”这句话，完全可以扩展成——愿吾国人，毋忘李定国。

附录：明清易代年表

年份	事件
1582 年，明万历十年	六月，首辅张居正逝世。 七月，教皇国传教士利玛窦抵达中国。 八月，皇长子朱常洛出生，即后来的明光宗。
1583 年，明万历十一年	正月，古勒寨之战爆发，建州左卫女真头领塔克世（努尔哈赤之父）、觉昌安（努尔哈赤祖父）被明军误杀。 三月，朝廷剥夺张居正官职荣誉，开始清算。 五月，图伦城之战爆发，建州左卫都指挥使努尔哈赤（即清太祖）起兵。
1584 年，明万历十二年	四月，袁崇焕出生。
1586 年，明万历十四年	二月，万历朝的“国本之争”爆发。
1588 年，明万历十六年	九月，清太祖灭完颜部，基本统一建州。
1589 年，明万历十七年	三月，明神宗不视朝，从此怠政。 是年，播州土司杨应龙叛乱。
1592 年，明万历二十年	三月，宁夏哱拜叛乱，日本入侵朝鲜。 六月，明军援朝。 九月，宁夏哱拜叛乱被平定。
1593 年，明万历二十一年	四月，孙传庭出生。 八月，明日议和。 九月，古勒山之战。洪承畴出生。
1596 年，明万历二十四年	六月，明神宗首次派遣矿监税使。
1597 年，明万历二十五年	正月，日本再次入侵朝鲜。 七月，播州土司杨应龙再次叛乱。

年份	事件
1598年，明万历二十六年	十一月，朝鲜之役结束。
1600年，明万历二十八年	六月，播州土司杨应龙之乱被平定。
1601年，明万历二十九年	十月，立光宗为太子，“国本之争”终结。
1602年，明万历三十年	十一月，史可法出生。
1604年，明万历三十二年	是年，孙承宗中进士，任翰林编修。 十月，东林书院落成，东林党由此发端。
1605年，明万历三十三年	十一月，皇孙朱由校出生，即后来的明熹宗。
1606年，明万历三十四年	八月，李自成出生。 九月，张献忠出生。
1607年，明万历三十五年	是年，杨涟中进士，授常熟知县。
1610年，明万历三十八年	十二月，皇孙朱由检出生，即后来的明思宗（毅宗）。
1612年，明万历四十年	是年，吴三桂出生。
1615年，明万历四十三年	是年，清太祖创建八旗制度。 五月，“梃击案”发生。
1618年，明万历四十六年，后金天命三年	四月，努尔哈赤颁布“七大恨”，对明开战。
1619年，明万历四十七年，后金天命四年	是年，袁崇焕、孙传庭中进士。三月，萨尔浒会战爆发。
1620年，明万历四十八年/泰昌元年，后金天命五年	七月，明神宗崩，光宗继位。 八月，明光宗有疾，杨涟被委任为顾命大臣。后金灭叶赫，彻底兼并海西女真扈伦四部。 九月，明光宗崩，熹宗继位，“移宫案”发生。
1621年，明天启元年，后金天命六年	三月，后金攻克沈阳、辽阳。 四月，后金迁都辽阳。李定国出生。
1622年，明天启二年，后金天命七年	正月，后金攻克广宁。 二月，孙承宗任兵部尚书。
1623年，明天启三年，后金天命八年	三月，明军开始重修关外堡塞。 十二月，魏忠贤总督东厂。

年份	事件
1624年，明天启四年，后金天命九年	六月，杨涟弹劾魏忠贤。 七月，郑成功于日本出生。 八月，荷兰殖民者进犯台湾。 九月，辽东明军东巡，深入后金境内盖州一带。
1625年，明天启五年，后金天命十年	三月，后金迁都沈阳。 七月，杨涟死于狱中。 九月，辽东明军遭柳河之败，孙承宗被弹劾，去职。
1626年，明天启六年，后金天命十一年	正月，后金攻辽东，于宁远被守将袁崇焕挫败。 三月，袁崇焕升任辽东巡抚。 八月，清太祖崩。 九月，四贝勒皇太极继位，是为清太宗。 十月，袁崇焕与后金议和，是为明金首次议和。
1627年，明天启七年，后金天聪元年	是年，吴三桂中举，洪承畴任陕西督粮参政。 正月，后金入侵朝鲜，是为“丁卯胡乱”。 二月，陕西澄县农民起义爆发。 五月，宁锦之战，后金受挫。 八月，明熹宗崩，思宗（毅宗）继位。 十一月，魏忠贤自缢。
1628年，明崇祯元年，后金天聪二年	是年，史可法中进士。 二月、九月，后金两次西征蒙古察哈尔部。 七月，袁崇焕受思宗平台召对，提出“五年复辽”。
1629年，明崇祯二年，后金天聪三年	六月，袁崇焕斩东江总兵毛文龙。 十月，后金首次破关南略，即“己巳虏变”。 十一月，明思宗起用孙承宗。 十二月，袁崇焕下诏狱。
1630年，明崇祯三年，后金天聪四年	是年，李自成、张献忠、李定国参加农民军。 五月，明军收复永平等四镇。 八月，袁崇焕被处以磔刑。
1631年，明崇祯四年，后金天聪五年	八月，大凌河城之战爆发。 九月，洪承畴升任陕西三边总督。 十一月，孙承宗辞官。

年份	事件
1632年，明崇祯五年，后金天聪六年	正月，清太宗“南面独坐”。 四月，后金大破蒙古察哈尔部。
1633年，明崇祯六年，后金天聪七年	十一月，陕西、山西农民军诈降，突破黄河，进入中原。
1634年，明崇祯七年，后金天聪八年	是年春，张献忠等农民军于汉中突围。 七月，后金二次破关南略。 八月，察哈尔部林丹汗病死。 十二月，洪承畴总督五省军务，围剿农民军。
1635年，明崇祯八年，后金天聪九年	正月，张献忠火烧凤阳皇陵。 四月，察哈尔余部归降后金，多尔衮得元玺。 五月，后金第三次破关南略。
1636年，明崇祯九年，后金天聪十年/清崇德元年	四月，清太宗改元称帝，易国号，封多尔衮为和硕睿亲王。 五月，清军第四次破关南略。 七月，黑水峪之战，孙传庭擒获“闯王”高迎祥。 十二月，清军入侵朝鲜，是为“丙子胡乱”。
1637年，明崇祯十年，清崇德二年	三月，明廷起用杨嗣昌，施行“四正六隅，十面张网”战略，围剿农民军。
1638年，明崇祯十一年，清崇德三年	正月，张献忠谷城受抚。 三月，明清二次议和。 八月，清军第五次破关南略，是为“戊寅虏变”。 十月，潼关南原之战，李自成率残部遁入山中。 十一月，清军破高阳，孙承宗阖家殉难。
1639年，明崇祯十二年，清崇德四年	五月，张献忠再次造反。 七月，孙传庭下狱。
1640年，明崇祯十三年，清崇德五年	四月，清军围锦州，松锦会战爆发。
1641年，明崇祯十四年，清崇德六年	正月，李自成克洛阳。 二月，张献忠克襄阳。 六月，钱谦益迎娶柳如是。

年份	事件
1642 年，明崇祯十五年，清崇德七年	正月，孙传庭出狱。 二月，洪承畴被俘。 四月，松锦会战结束。 五月，明清三次议和。 九月，黄河涨水，农民军克开封。 十月，柿园之战。 十一月，清军第六次破关南略。
1643 年，明崇祯十六年，清崇德八年	二月，李自成建立襄京政权。 五月，张献忠建立武昌政权。 七月，史可法任南京兵部尚书。 八月，清太宗皇太极驾崩，清世祖福临继位。郏县之战。 九月，孙传庭战死。
1644 年，明崇祯十七年，清顺治元年，顺永昌元年，西大顺元年	正月，李自成称帝建国，都西安，大顺军东征。 三月，大顺军克北京，明思宗（毅宗）自缢。吴三桂降清。 四月，山海关之战，清军入关。吴三桂受封平西王。 五月，多尔衮下“剃发令”，旋废。 九月，清朝迁都北京。 十月，怀庆之战，清军西征大顺。 十一月，张献忠建国称帝，封李定国为安西王。 十二月，清廷下圈地令。
1645 年，明弘光元年，清顺治二年，顺永昌二年，西大顺二年	四月，清军破扬州，屠城，史可法殉难。 五月，李自成崩于湖北九宫山。清军克南京，弘光朝廷灭亡，柳如是自尽未遂，钱谦益降清。 六月，多尔衮再下“剃发令”。 闰六月，江阴典史阎应元率义民抗清，至八月城破，是为“江阴八十一日”。 七月，“嘉定三屠”。
1646 年，明隆武二年，清顺治三年，西大顺三年	三月，大顺军余部联明抗清，被改编为“忠贞营”。 八月，郑芝龙降清，隆武朝廷灭亡。 十一月，清军入川，张献忠阵亡。

年份	事件
1647年，明永历元年，清顺治四年	三月，大西军余部入滇。
1649年，明永历三年，清顺治六年	正月，孙可望为秦王。
1650年，明永历四年，清顺治七年	十二月，多尔衮病亡，追谥成宗义皇帝。
1651年，明永历五年，清顺治八年	二月，清世祖公布多尔衮罪状。
1652年，明永历六年，清顺治九年	正月，孙可望、李定国迎永历帝入黔。 七月，李定国克桂林，孔有德自焚。 十一月，衡阳之战，李定国部击毙尼堪。
1653年，明永历七年，清顺治十年	二月，李定国攻肇庆，不克。 十月，李定国攻新会，不克。 五月，洪承畴经略五省军务，围剿南明军。
1656年，明永历十年，清顺治十三年	二月，李定国迎永历帝入滇。 四月，李定国受封晋王。
1657年，明永历十一年，清顺治十四年	九月，曲靖交水之战，李定国破孙可望。 十一月，孙可望降清。
1659年，明永历十三年，清顺治十六年	二月，磨盘山之战。
1661年，明永历十五年，清顺治十八年	正月，清世祖崩，清圣祖继位。 二月，郑成功跨海东征。 十二月，缅甸国王将永历帝献于清军。郑成功收复台湾。
1662年，明永历十六年，清康熙元年	四月，吴三桂弑永历帝。 五月，郑成功病逝。 六月，李定国病逝。
1664年，明永历十八年，清康熙三年	五月，钱谦益死。 八月，茅麓山之战，“忠贞营”余部殉难，南明终结。

参考文献

史料

抱阳生：《甲申朝事小纪》，商务印书馆铅印本，1916年。

陈天植修、佘一元纂：《山海关志》，康熙八年刊本。

戴笠、吴殳：《述古堂抄本怀陵流寇始终录》，“国立中央图书馆”，正中书局，1986年。

法式善：《洪文襄公年谱》，《北京图书馆藏珍本年谱丛刊》，北京图书馆出版社，1999年。

冯去骧：《大明督师七省兵部尚书白谷孙公冯淑人同葬墓志铭》

《多尔衮摄政日记、司道职名册》，故宫博物院，1935年。

古洛东：《圣教入川记》，四川人民出版社，1981年。

谷应泰：《明史纪事本末》，中华书局，1985年。

韩菼：《江阴城守纪》，宣统三年中国图书馆石印本，1911年。

洪承畴：《洪承畴章奏文册汇辑》，《国立北京大学研究院文史丛刊》，北京：国立北京大学研究院文史部编辑，1937年。

怀荫布修、黄任等纂：《泉州府志》，乾隆二十八年刊本。

黄宗羲：《弘光实录钞》，《明清史料丛书八种》，北京图书馆出版社，2005年。

计六奇：《明季北略》，中华书局，1984 年。

计六奇：《明季南略》，中华书局，1984 年。

蒋良骐：《东华录》，中华书局，1980 年。

《李朝实录》，国家图书馆出版社，2012 年。

刘健：《庭闻录》，上海书店出版社，1985 年。

刘若愚：《酌中志》，中华书局，1985 年。

刘佑修、叶献论等纂：《南安县志》，康熙十一年刊本。

《明实录》，“中央研究院历史语言研究所”编，1965–1966 年。

彭孙贻：《平寇志》，上海古籍出版社，1984 年。

钱谦益：《钱牧斋全集》，上海古籍出版社，2003 年。

《清实录》，中华书局，2008 年。

沈德符：《万历野获编》，中华书局，1959 年。

史可法：《史忠正公集附录》，中华书局，1985 年。

孙承宗等著，李红权辑录点校：《孙承宗集》，学苑出版社，2014 年。

孙传庭著，王欣欣点校：《孙忠靖公遗集》，上海古籍出版社，2018 年。

谈迁：《国榷》，中华书局，1958 年。

王在晋：《三朝辽事实录》，江苏省图书馆藏崇祯本。

杨涟：《杨忠烈公文集》，清道光十三年刊本。

杨士聪等：《甲申核真略》，浙江古籍出版社，1985 年。

佚名：《吴三桂纪略》，载赵诒琛、王大隆辑《辛巳丛编》，1941 年。

张廷玉等：《明史》，中华书局，1974 年。

赵尔巽：《清史稿》，中华书局，1998 年。

赵士锦等：《甲申纪事 外三种》，中华书局，1959 年。

赵允祜修、高汉墀等纂：《临榆县志》，光绪四年刊本。

郑廉著，王兴亚点校：《豫变纪略》，浙江古籍出版社，1984 年。

论著

达力扎布：《明代漠南蒙古历史研究》，内蒙古文化出版社，1997 年。
樊树志：《晚明大变局》，中华书局，2015 年。
樊树志：《晚明史》，复旦大学出版社，2015 年。
樊树志：《万历传》，人民出版社，1993 年。
方良：《钱谦益年谱》，中国书籍出版社，2013 年。
顾诚：《明末农民战争史》，光明日报出版社，2012 年。
顾诚：《李岩质疑明清易代史事探微》，光明日报出版社，2012 年。
顾诚：《南明史》，光明日报出版社，2011 年。
郭影秋：《李定国纪年》，中国人民大学出版社，2006 年。
何龄修：《清初复明运动》，中国社会科学出版社，2016 年。
黄卫平：《大顺史稿》，三秦出版社，2010 年。
黄正娇：《张献忠屠蜀文献二种——〈蜀难叙略〉〈蜀碧〉校注》，广西师范学院，2013 年。
林美玲：《晚明辽饷研究》，福建人民出版社，2007 年。
柳义南：《李自成纪年附考》，中华书局，1983 年。
孟森：《明清史论著集刊》，中华书局，1959 年。
孟森：《明史讲义》，上海古籍出版社，2008 年。
孟森：《清初三大疑案考实》，广西师范大学出版社，2010 年。
苗棣：《魏忠贤专权研究》，中国社会科学出版社，1994 年。
史元庆：《史可法年谱》，中国友谊出版公司，1991 年。
孙文良、李治亭：《清太宗全传》，吉林人民出版社，1983 年。

王兴亚：《李自成经济政策研究》，河南人民出版社，1982年。

阎崇年：《袁崇焕传》，中华书局，2016年。

杨海英：《洪承畴与明清易代研究》，商务印书馆，2006年。

余三乐：《孙承宗传》，北京燕山出版社，2000年。

袁林：《西北灾荒史》，甘肃人民出版社，1994年。

张士尊：《明代辽东边疆研究》，吉林人民出版社，2002年。

周远廉：《清太祖传》，人民出版社，2004年。

周远廉、赵世瑜：《皇父摄政王多尔衮全传》，吉林文史出版社，1993年。

论文

冯广宏：《张献忠帝蜀实情考》，《文史杂志》，2010年10期–11期。

郭辉、曾子恒：《抗战时期史可法“民族英雄”记忆的多重建构》，《武陵学刊》2018年3期。

李鸿彬：《皇太极和松锦大战》，《史学集刊》，1987年2期。

刘伯涵：《袁崇焕与孙承宗》，《学术月刊》，1985年8期。

刘庆华：《慈禧太后家世新证：〈德贺讷世管佐领接袭家谱〉研究》，《满族研究》2009年2期。

彭勇：《张献忠籍贯考辨—兼谈明代边疆地区户籍管理制度》，《明清论丛》第12辑，故宫出版社，2012年。

唐文明：《从陈寅恪悼念王国维的诗文谈起》，《读书》2015年5期。

万明：《张献忠为什么会有大量白银沉于江口》，《中国史研究动态》，2016年5期。

王鸿莉：《钱谦益的多重释读》，《满学论丛》第4辑，辽宁民族出版社，2014年。

王荣湟：《毛文龙研究献疑三题》，《清史研究》，2016年2期。

王荣湟：《袁崇焕南明平反事迹考》，《岭南文史》，2017年1期。

王景兴：《纪念顾诚先生——被皇汉误读的历史学家》，《明清史研究辑刊》微信公号，2018年11月16日。

谢盛：《魏忠贤“文盲”考辨——兼论明代司礼监太监的学历要求》，《河南师范大学学报（哲学社会科学版）》，2016年5期。

许龙：《钱谦益降清之人格心态透视》，《嘉应大学学报》1999年2期。

阳正伟：《东林与魏忠贤决裂原因新探》，《广播电视大学学报（哲学社会科学版）》，2017年3期。

曾磊：《袁崇焕非清朝所“翻案”——论清朝对袁崇焕的历史评价》，《哈尔滨学院学报》，2016年6期。

曾磊：《己巳之变中的谣言与袁崇焕之死》，《佳木斯大学社会科学学报》，2015年3期。

张杰：《李自成与多尔衮进北京施政之比较》，《满学论丛》第4辑，辽宁民族出版社，2014年。

张文青：《富边与裕民：明末雁门尚书孙传庭的为政之术》，《领导科学》，2017年15期。

张献忠：《“张献忠屠蜀”与清朝政治合法性之建构》，《中国史研究动态》，2016年5期。

张小李：《乾隆帝批判钱谦益的过程、动因及影响》，《故宫学刊》2013年1期。

赵现海：《“新农民战争史”的提出——明末张献忠农民战争史研究的过去、现状与可能》，《中国史研究动态》，2011年2期。

后记

几年前的一天，在下班回家的大巴上，我看到一位乘客在用手机看历史漫画。他看到我似乎感兴趣，便推荐给我看。我笑着说，这篇漫画是我们画的啊。

正是在这趟大巴上，我差不多读完了《明史》，每天都读一些，日复一日。此外，也读了不少明清史学人的论著，尤其是孟森和顾诚两位先生的。两位先生虽然史观有别，但都很有识见。

孟森是在东洋留学，读的是法政专业，回国后大约从 1913 年起，开始发表清史研究论著。正如学人商传所评述的那样，孟森具有传统的“民本思想”，也受到了当时（民国）新史学的影响，但终未能摆脱传统史学观念的影响。相较于孟森，顾诚是在改革开放后才相继出版了《明末农民战争史》《南明史》。于顾诚而言，明末农民战争史更重要一些。

不同学人的视角，让我对这段历史的观感变得更为悲怜。明清易代是一个很宏大的议题，它关系到晚明的衰败、农民的反抗、建州女真的崛起，也关系到征服与杀戮、乱世与人心、苟且与气节。我们措意这一历史大事件，并不想以狭隘的民族主义史观去衡量，将其窄化成少数民族对中原王朝的征服史；也不想以传统的史观去观照，一味赞扬“天子守国门，君王死社稷”，又何以安放那些“饿殍”的魂灵；也不会呆板地考虑某种“和谐”，从而遮蔽“威武不能屈”的大丈夫气概。

基于这样的理念，我们尽己所能以当时人的角度去看待问题。比如，孙传庭作为明末的一个士大夫，也是一个拿朝廷俸禄的官员，镇压农民军起义是他职责所在，尽管对于农民军来说，他是维护明廷腐朽统治的对手，但对于明廷来说，他却是一个称职的官僚。是以，我们画孙传庭的时候，并没有站在超出他认知范围的视角去评判，而是尽量呈现他个人的能力和气节。又比如，李自成作为农民军的起义领袖，于明廷而言，他是一个“流寇”，但崇祯年间的陕西确实是“饿殍载道，父子相食”，他和他的大顺军只是为了生存而战。又比如，画李定国的时候，我们也并没有止步于抗清英雄这个层面，还呈现了他的前半生，作为一个反抗明廷虐政的英雄。

“不信青春唤不回，不容青史尽成灰”，虽说少年气容易令人心血澎湃，但从某种意义上来说，情怀与历史却有相斥之处，因为后者需要理性。任何评述都难免有其主观性，进入历史最好的方式，或许是回到当时的场景，以当事人的视角去看待一个事件、一次抉择、一个细节，最终与我们对话的，将会是幽微的人心。

缘此，我们在写脚本前，胡难、山鸦同学会去查阅各种史料，包括官修《明史》、《实录》、明清笔记、地方志、碑文和今人论著；画漫画时，朱彦、锄头和肖儿三位画师也会去查明清时的服饰和兵器，尽量做到还原历史真实。朱彦在画一个人物的时候，会倾注很多感情，我们平时都叫他灵魂画手，他的画笔总是能够准确传达出笔下人物的性格和特征；锄头则是另一种风格，他对世情的洞悉往往会令笔下的人物有一种出奇的冷幽默。

即便我们倾注心力，漫画在公号发布的时候，还是有不少疏漏。所幸，读者会一一指出这些疏漏，让我们得以在付之梨枣时校正过来。即便如此，我们还是诚惶诚恐，生怕是在以己之昏昏，而试图使人之昭昭。如果还有什么不足，敬请谅解和雅正。此外，本书除了漫画之外，还收入了不少高质量的读者留言。可以说，书能够出来，离不开读者的殷殷之情和拳拳之心。无以为报，只能在此聊表感念。

贫乏时代，阅读是一种诗意的栖居。我们希望通过画这段历史，能够让大家更好地理解明清之交的复杂，感受个体在时代命运之下的无奈与悲欢。如果能够激发您更多的读史兴趣，或者看书的雅意，那真是再好不过了。

铲史官主笔　周绍纲

2019 年 5 月 31 日